俺はやる

輪入道

彩図社

――届いていますか　左耳の聴覚に

装丁：米倉八潮 (Vsigns Graphic)
写真：山崎奏太郎（戦極 MC BATTLE にて）
構成：宮崎敬太
編集：草下シンヤ

俺はやる
目次

俺はやる

輪入道

第1章 マセガキ …… P09

第2章 般若のアルバム …… P35

第3章 初ライブ …… P51

第4章 フリースタイルバトル …… P71

第5章 鬼一家との出会い …… P93
第6章 突発性難聴 …… P119
第7章 復帰 …… P137
第8章 KING OF KINGS …… P161
第9章 2代目モンスター …… P185

第1章

マセガキ

検見川浜という町

俺は千葉の検見川浜《けみがわはま》で育った。検見川浜は幕張メッセやＺＯＺＯマリンスタジアムがある海浜幕張の隣の駅。そう言うとなんとなく想像がつく人も多いだろう。野球場やサッカースタジアムみたいな巨大施設の周辺は、どこも閑散としている。でも道だけは整備されてるから、妙に違和感のある街並みになる。

東京からはそんなに遠くないし、ＪＲ千葉駅からも電車で5～10分程度。京浜工業地帯の一角だけど、神奈川県の川崎や横浜と比べると味気ない。その違いは検見川浜がある美浜区の成り立ちに関係してると思っている。

美浜区は埋立地だ。１９７０年代の高度経済成長期に、東京の増えすぎた人口や都市機能を補助するために作られた。美浜区は海浜ニュータウンと言われている。ニュータウン。新しい町だから歴史がない。古くからある商店街みたいなものはもちろん、神社も、お墓もない。

暮らしの痕跡が積み重なって歴史になるけど、俺が子供の頃の美浜区、そして検見川浜にはそういう雰囲気がほとんどなかった。映画や小説で登場人物が町に思いを馳せるシーンがよくあるけど、ラップを始めるまで俺にはその感覚がわからなかった。海岸があって、潮風も感じられる町だけど、どこか無機質なプラスチックのような土地だった。

読書の記憶

こうして自分のことを話そうと思っても嫌な面ばかり思い出してしまう。そういう性格なのだ。きっと両親からの影響だろう。父はサラリーマンで、母は専業主婦。いわゆる中流家庭に育った。妹と俺の4人家族。本当は兄がいたらしいが、この世に生まれてこなかった。そのせいか、両親は過保護だった。

ガキの頃の記憶はほとんどないけど、母が毎晩絵本を読み聞かせてくれたことはよく覚えている。俺はいつも同じ絵本ばかりリクエストしたけど、毎晩飽きずに同じ絵本を同じ調子で読んでくれた。内容も絵柄も覚えてないけど、母の声、抑揚、歯切れの良さははっきり覚えている。単調だがあたたかかった。俺の日本語、そして話し方の原点にはこの体験がある。

両親は読書が好きだった。実家には大きな本棚が3つあって、そこにはいろんな本が収められていた。両親は俺が本を読むととても喜んでくれた。子供の頃は本当に本ばかり読んでいた気がする。ゲームや漫画を子供がほしがるだけ買ってあげるようなタイプの親だったら、まったく違う人間になっていたと思う。本を読んでいる時だけは貝のように静かに椅子に座っていた。

俺がラッパーの存在を初めて知ったのは小学1年の時。母が大好きな山田詠美の本に出てきた。タイトルは忘れてしまったけど、ニューヨークが舞台の話。そこにほんの1行か2行ではあったがラッパーが出てきたんだ。酒場で芸を見せてお金をもらう。映画『バーレスク』のような、きらびやかで、お酒と色恋があり、でもどこかに悲しさも感じる。そんなふうに記憶してる。当時はラップという行為自体を知らなかったし、そこからヒップホップに興味を持ったりすることはなかったけど、山田詠美の本を読んで「夜の世界で生きる人」としてラッパーの存在を知った。

本は高校でラップにハマるまでずっと読み続けていた。他にやることがなかったからだ。近所の図書館には毎日行った。一度に借りられる上限は6冊。俺はいつも薄暗い部屋で電気も点けず、ずっと読み続けていた。そのせいで視力は悪くなり、小学生の段階ですっかり目つきも悪くなった。休みの日も図書館に通った。朝に6冊借りて、昼にはすべて読み終わった。そしてまた図書館へ。6冊選んで夜まで読みふける。小学3年生の段階で『はみ出し銀行マン』シリーズのようなサラリーマン向けの本も読んでたし、内容も大体理解できるようになっていた。

水木しげるとの出会い

読書にハマるきっかけは両親が喜んでくれるから、とさっき書いたけど、ブーストした理由は別にある。小学生が読むには山田詠美は明らかに早熟だし、はっきり言って物語の筋などは理解できない。わからない表現や描写もたくさんある。

じゃあなぜ俺が山田詠美を読んでいたか。日本語の美しさを純粋に堪能していたからではない。それはエロいシーンがあったからだ。山田詠美は、女性の視点から恋愛の複雑な側面を描く作家だ。恋愛にエロは欠かせない。だから山田詠美を読んでいたんだ。

エロに目覚めたきっかけは父が読んでいた『課長 島耕作』だった。さっきも書いた通り、我が家にはほとんどマンガがなかったけど、昭和生まれの真面目なサラリーマンである父は「島耕作」シリーズは好んで読んでいた。俺は軽い気持ちで「島耕作」を手に取った。そしてエロという概念を知った。女性の裸。一緒にベッドに入ること。なんだかわからないが妙に胸が高まる。島耕作の立身出世より、とにかくエロいシーンだけを探した。理屈じゃなく、本能が「なんかいい」と言っていた。それが幼稚園の時。俺はなぜか「島耕作」を読むことに後ろめたさを感じた。俺の中の野性が「『島耕作』は隠れて読め」と囁いた。だから「島耕作」は両親の目が届かないタイミング、母がご飯の準備をしてる時とかに隠れるようにして読んでいた。

だがこの頃の俺は幼稚園児。どんなに悪知恵を働かせたところで、俺の大事な「島耕作」タイムはすぐにバレてしまう。そして我が家の本棚から「島耕作」シリーズは撤去された。だがすでに俺の性への好奇心はガソリンを浸した松明のように燃え盛っている。我が家には本しか娯楽がない。そこで俺はエロいシーンを求めて自宅にある本を片っ端から読むようになった。そんな流れで山田詠美にもたどり着いた。

俺は来る日も来る日も本を読んだ。すると、そんな俺を見た親戚の叔母さんが、我が家に『日本妖怪大全』をはじめ、水木しげるの漫画を大量に寄贈してくれた。これが俺の人生に大きな影響を与えた。

もちろん活字は好きだが、当時の俺は子供だし、やっぱりマンガは単純に楽しい。『ゲゲゲの鬼太郎』はもちろん、不条理で難解な作品、社会的な作品、シビアで残酷な作品、加えてエロまであった。もう完璧だ。俺は水木しげるを読み漁った。

そこで気づいたことがある。それは「清く正しく生きることが、必ずしも人生の正解ではないのではないか？」ということだ。両親は２人ともとにかく真面目だった。四角四面を美徳とし、正論でがんじがらめだった。俺が粗相をしでかすと、ど直球の正論で論破してきた。だけど水木しげるのマンガには、そうじゃない人たちがたくさん出てきた。そして一見正しいことをしてる人でも、必ず裏の顔があった。しかも姑息でずる賢い。

最も象徴的なのがねずみ男。原作だとアニメよりかわいげがない。裏切り方もえげつない。そんなねずみ男を説教するやつが出てきても、実はそいつが裏で誰よりも卑劣なことをしてたりする。

父はよく「善人になれ」と俺に言ってきたけど、正直小学生の段階ではまったく共感できなかった。俺は「誰の中にも〝いやしさ〟があって、しかもそれは〝正しさ〟と矛盾せず共存している。その複雑さこそが人間なんじゃないか」と考えていた。もちろん子供の頃だったから、ここまで理路整然と考えがまとまっていたわけじゃないが、このニュアンスが自分の中にあった。

万引き

小学3年生にもなると、俺はかなりマセたガキに仕上がっていた。エロスに対する興味は同級生の男子より5歳は先を進んでいたと思う。それまでは活字で妄想するか、水木しげるのユニークな画を見るか。だけどもっとダイレクトなのが見たくなってきた。活字と水木しげるだけのエロに飽き飽きしていた。そこで俺は一歩踏み出し、近所のコンビニに向かうことにした。

当時はまだコンビニでエロ本が売っていて、さらに誰でも立ち読みをすることができた。周りの目を気にしつつ、恐る恐るページをめくる。さすがに小3でエロ本を立ち読みするのは、自分が悪いことをしてる気がした。その背徳感にさらに興奮した。

同級生の女子には一切興味がなかった。なにせこっちは「島耕作」で女に目覚めている。ガキじゃダメだ。エロ本は最高だった。もっと読みたい。誰もいないところでずっと見続けたい。1ページずつ時間をかけて堪能したい。だけど俺は未成年。というか小学生。法律が俺を縛った。

それはほんの偶然だった。読んでいたエロ本がバッグの中に落ちてしまった。「入っちゃったな……」。辺りを見回すと、雑誌コーナー付近には誰もいない。通路にも俺しかいない。出口は目と鼻の先。俺は〝偶然バッグの中に落ちてしまったエロ本〟と共に出口へ歩き始めた。悪いことをしてる実感はあった。緊張して体がギクシャクしていたと思う。心臓は口から飛び出しそうだった。だが頭の中には、この偶然を利用してエロ本を我が物にしたいという気持ちしかなかった。たった5メートルかそこらだったと思うが、その距離は永遠のように思えた。俺は出口に近づき、自動ドアの前に立った。当時はまだ防犯ブザーもなかった。俺は扉を抜けた。そこから先の記憶はない。高揚感で脳内麻薬が出まくっていたのだと思う。その日から俺は万引きをするようになった。

だがみんなわかってると思うが、小学3年生の窃盗なんて光の速さでバレる。そもそも挙動不審な小学校低学年のガキが毎日エロ本を立ち読みしてれば、店側も気づく。数回万引きを繰り返したある日、いつものようにエロ本を持って店を出ようとした瞬間、店の人に捕まった。そして自宅に電話された。

そこからはお決まりの流れ。コンビニのバックヤードで、防犯カメラの映像という動かぬ証拠を突きつけられ、親の立会いの下、罪を認めさせられる。だが本当の試練はこの後に待っていた。

父は怒ると怖かった。些細ないたずらでもよく怒られていたが、今回は万引きだ。一体どんなことになるのか。帰宅後、俺は父から正座を命じられた。「すべてはあなたの『島耕作』から始まったのですよ」と言いたい気持ちもあったが、当然こらえた。そして父は「息子の過ちは父である自分の過ちでもある」と見当違いなことを言い出し、俺の真後ろで自分も正座をし始めた。どんだけ真面目なんだよ！

約2時間、無言。俺が少しでも集中力を切らそうものなら、容赦無く頭を叩かれた。座禅か。だが、この拷問的指導により俺の心には「万引き。ダメ。ゼッタイ」と深く刻み込まれた。

両親のこと

父は男気のある人だった。サラリーマンとして真面目に正しく生きることを美徳と信じて疑わなかった。だから俺が何か間違いを犯すと、ぐうの音も出ないほどの正論がいつも飛んできた。言い返したかったけど、人間の複雑さなんて、小学校低学年のボキャブラリーで言語化できるわけないし、そもそも少しでも言い返そうもんなら「揚げ足とるな！」と鬼の形相で一喝される。

説教される時は、「お前が落ちぶれた時に親父の言っていることを聞けばよかったと後悔することになるんだぞ」とまるで落ちぶれることが前提であるかのように扱われていた。そして最後に「自分の何が悪かったのか」を言わせる。だけど集中力が持たないから、最後のほうは自分の何が悪いかわからなくなっていた。だからいつも父の言うことをおうむ返ししていた。当然、説教の本題がまったく頭に入ってないから同じ過ちを繰り返す。小さい頃はしょっちゅう父に怒られていた。

母は俺をかわいがってくれたけど、俺がマセたガキだったこともあり、すでに干渉を鬱陶しく感じるようになっていた。母も父とタイプは違うが真面目な性格だ。本棚には育児に関する参考書がたくさんあった。融通が利かない人。加えて、人付き合いも苦手だった。

実は俺にもそういう性質がある。しかもそれは身近にいる人間の前で一番強く発揮されていた。いわゆる八方美人というやつだ。本音で相手とぶつかることを避けて普段人と付き合っているから家の中にいる時はえらいことになる。溜まったフラストレーションは些細なきっかけで爆発を起こし、毎日のように母と喧嘩をしていた。お互いが似ているからこそぶつかったし、ヒートアップして家を追い出されることもしょっちゅうだった。

もちろん俺も意地になっているから引けない。そういう時はマウンテンバイクで近所をブラついた。暗くなっても帰りたくない。負けた気がする。するといつも父が迎えに来てくれた。そういう時の父は俺を怒ったりはしなかった。ドライブに連れて行ってくれて、俺を落ち着かせてくれた。帰宅すると母は自分の部屋に閉じこもっていた。そして数日後、お互い意地を張ってるのがバカバカしくなって仲直りする。そんなことを繰り返していた。

1人だけの3組

小学校3年生の1年間は、俺の人生における最初のターニングポイントだ。当時の担任にはいつも怒られていた。生まれて初めて体罰を受けたのも、その先生からだ。俺を協調性のない生徒だと思っていたようだ。そして、ある日、俺はクラスから1人隔離されてしまう。当時は2クラス制だったが、俺のためだけに3組が作られた。1組だった俺は登校して朝の会をみんなと一緒に受け、1限目の授業が始まる前に自分の机と椅子を持って、空き教室だった仮設3組に移動した。それが数ヶ月間続いた。俺は1人でずっと自習していた。

一般的に考えて、深刻な暴力沙汰でも起こさない限り、こんな仕打ちは受けないだろう。だがまったく思い当たるフシがない。この段階ではエロ本の万引きもまだ起こしてない。覚えてないことが俺自身の問題のような気もする。だが協調性という意味では、3歳の頃に行っていた幼児教室、そしてその後の幼稚園でちょっとした問題を起こしたことがあった。

俺が通っていた幼児教室は、基礎的なコミュニケーションを体得するための場所だった。だから何かを勉強するというより、公民館の多目的スペースのような場所にたくさんの子供たちがいて、ただ遊ぶだけ。普通に考えると楽しい場所なのだけど、俺は初日にギャン泣きした。まずたくさんいる同世代の子供に恐怖感を覚えた。先生たちが何度も「みんなと一緒に遊ぼうよ」と手を引いてくれたが、ただただ泣いた。俺は思い思いに動き続ける同世代を目の当たりにして、「こいつらの中に入っていくのは無理だ。ここで俺が『はじめまして』と言ってしまえば新たな苦悩が始まる」と思った。呼びかけには応じられない。だから泣いた。俺にはそういう意固地なところがある。いま思えば、単に自分を否定されるのが怖かっただけだと思うが。

また幼稚園の時にはこんなこともあった。幼稚園のニワトリ小屋から出てきた友達を言葉で泣かせてしまったのだ。

その友達は何も悪いことをしてなかった。当然先生から理由を聞かれた。だが答えられなかった。なぜなら俺はニワトリと仲良くしているその友達が羨ましくて、その友達に嫌がらせをしたからだ。そんなこと恥ずかしくて言えない。本当は「怖くてニワトリに触れないんだけどせめて頭をなでさせてよ」とお願いすればよかった。けどそうすることはできなかった。むしろ頭の中にあったのは「動物を触れないことをバカにされるかもしれない」という不安と「ニワトリ抱けるくらいで俺に勝った気になってんじゃねえ」という謎の対抗意識だった。

俺は勝ち負けに対する執着が異常に強かった。幼児教室でも、幼稚園でも、小学校でも、「みんなで仲良く、順番をつけずに」と言われたら、「みんなが油断して勝ちやすくなる」と考えるような子供だった。

おそらく小3の担任は日常的な生活を見て、そんな俺の性質に違和感を抱いていたのかもしれない。ちなみに3年3組時代に、俺は一度爆発したことがある。1組の教室には、後ろにクラス全員分の名札マグネットがあった。自分が日直になると、そのマグネットを前方の黒板に貼り付けなくてはいけない。3組になってから、1組の黒板から俺の名札は消えた。空き教室の広い黒板に自分の名札だけがぽつんと貼ってある光景は子供心に結構堪えるものがあった。

ある日の放課後、俺は1組の教室に行って、クラス全員の名札をすべて捨てた。言いたいことや聞いてもらいたいことはたくさんあった。寂しかったし、悔しかったし、ムカついていた。けど、やられっぱなしは嫌だった。俺はそういうやり方でしか自分の気持ちを表現できなかった。

すぐに俺の仕業と発覚した。そして俺は空き教室から校長室に移動することになった。3組時代の後半、俺は校長室で校長先生と2人きりの状態で自習していた。ただ校長先生は特に俺に何か言うでもなく、黙って俺を見守ってくれていたと記憶している。

この頃、両親は担任から俺を特別支援学級に移すことを提案されてたという。その審査をするため児童相談所にも通わされることになった。半年くらい放課後に母と一緒に児童相談所へ行き、カウンセリングは1人で受けた。クラスから隔離され、児童相談所でカウンセリング。「発達障害」という言葉が深夜に食卓に座った母の口から聞こえた。この頃から「俺は普通じゃないのかもしれない」と真剣に思うようになった。なぜなら誰かに暴力を振るったり、明確な問題行動を起こした認識が自分になかったからだ。

カウンセラーとは読書の話をたくさんした。水木しげるや江戸川乱歩、山田詠美の話もしたかな。たぶん「島耕作」のことは言ってない。そして両親、特に母親との関係について聞かれた記憶がある。

カウンセラーは今まで会ったことがないタイプの大人だった。俺という人間をニュートラルな立場で捉え、学校生活に問題があるのか、家族に問題があるのか、そもそも問題はないのか、そうしたことを見極めていたんだと思う。だから俺の話をたくさん聞いてくれた。そして母に「もう少しボーッとできる時間を作ってあげてください」と話していたという。カウンセラーの先生は今もたまに母へ手紙をくれるそうだ。俺は特別支援学級に移る必要はないと判断された。

いじめられっ子

だが受難は続く。5年生になってからいじめられるようになった。クラス替えがきっかけだ。3～4年の時も「変なやつ」と思われていたが、クラスメイトからは存在を許容されていた。「1人3組経験者」で「児童相談所に行かされたやつ」でも、俺という人間のパーソナリティは知っていたからハブられることはなかった。けど新しいクラスで初めて俺と一緒になったやつからすると、俺は「得体の知れない気持ち悪いやつ」だった。

象徴的なエピソードがある。席替えで俺の隣の席になった女の子が「この人の隣は嫌です！」と泣き出して、学級会が開かれたのだ。その時は先生も同級生もその子の味方をして、もう一度席替えをすることになった。

　俺はいつも同級生から嘲笑されていた。俺は無精な人間だから小学生の頃は毎日同じ服を着て登校していた。それでついたあだ名が「パジャマ」（かなり侮蔑的なニュアンスが込められていた）。歯が黄色いからという理由で「コーン」と呼ばれたこともある。鼻に角栓が詰まっていれば「鼻くそ」と言われ、フケが多ければ「〇〇菌」と言われた。親や大人に相談しても「全然そんなことないよ」「気にしすぎじゃない？」と軽くあしらわれた。けど、そうじゃないんだ。俺は容姿のことで毎日めちゃくちゃからかわれているんだよ。しかも学校には毎日行かなきゃいけないんだ。便所の水を飲まされたこともある。誰か助けてほしいと思っていた。

　でも一番悲しかったのは、いじめがエスカレートして、「お前の家はみんな頭おかしいな」と言われたこと。その時は母が放課後のミニバスの練習を見に来ていた。言ったのは同級生のIと、その弟。たしかIの母もいた。Iと弟は俺が母といるところを見つけると、聞こえるように「うわー、きた！」と鼻をつまんだ。

　俺の母は黙って下を向いていた。俺の心臓は爆発しそうだった。悲しくて悔しいのに恥ずかしかった。一刻も早くその場から消え去りたかった。足早に去ろうとする俺の背中に向けて、Iの弟が「帰れよ。お前らの家はみんな頭おかしいんだから」と小さい声で言った。今でも覚えている。その一言は本当にショックだった。言われた時、俺は自分がどうしていいか、本当にわからなかった。

もちろんその時「俺の家のどこがダメなんだよ?」と言い返せば良かったのだろう。だけど怖くて言えなかった。言い返したら、もっとひどい、耳をふさぎたくなるほど遠慮のない残酷なことを言われそうな気がしていたから。

真面目すぎて窮屈な時もあったが、俺は両親が好きだった。喧嘩ばかりしてたし、厳しかったけど、心から愛していた。Ｉや弟は俺の家族のことなんて何も知らないくせに。自分のことならなんとか我慢できる。けど家族は無理だ。本当に許せない。

その日を境に俺のタガは外れた。両親に「やっちゃだめ」と教えられてきたことすべてをクラスメイトたちにやることにした。怒ってる時にこそ自分の本音が出た。相手の心をえぐる視点が生まれる。容姿、名前、服装、家庭環境、話し方、仕草。指摘されたくない部分がどんどんクリアに見えてくる。俺は家族をバカにされたことが許せなかった。じゃあ、こいつらは何を言われたくないんだろう。そんなことを思いながら相手の弱点を探して、見つけると誰にも言わずに笑っていた。

金魚の糞

高学年の2年間は本当に鬱々としていた。いじめられ、俺も意固地になり、さらに嫌われる。そんなサイクルだった。特に俺を攻撃してきたのは学年で一番目立っていたSだ。そいつは実家が床屋で、小学生なのに金髪だった。

Sは一個下にいるヤクザの息子と繋がっていたこともあり、俺らの学年で最も幅を利かせていた。Sはクラスの鼻摘まみ者である俺をいじめることで、同時に周りの人間に対してもマウンティングしていた。いつも子分を連れて、教室や廊下でいちいち俺に絡んでくる。鬱陶しかった。

6年になったある日、俺はSと廊下で2人きりになった。その段階で俺は我慢の限界を超えていた。やってやろうと思った。2人しかいない廊下で胸ぐらを掴み、「もう俺に手を出すな」とすごんだ。報復されるのは怖かったけど、やられっぱなしは嫌だった。だがやつは引いた。殴り合いの喧嘩も覚悟していたから拍子抜けだった。そして、その日を境にSからのいやがらせはなくなった。

だけど俺という人間は卑怯な俗物だ。そこからSたちと行動を共にするようになる。ずっと1人きりだったから、マジョリティに所属して群の安心感に包まれてみたかったんだ。俺とSは対等の友達ではなかった。俺がSに擦り寄っていった。つまりSの金魚の糞になった。当時はよくSたちと徒党を組んで校内を闊歩した。悪ぶってるポーズをとって悦に入った。でも知らない人にガチの喧嘩をふっかけることはできない。なんて弱い人間なんだろう。

すぐにそんな自分に嫌気がさした。俺はSと行動するのをやめた。しばらくするとSたちが俺の住んでる団地の前までやってきた。窓ガラスに何度も小さな石ころをぶつけられて「出て来いよ！」と怒鳴られた。

だけど俺は怖くて出て行けなかった。ちゃんと話していたら、何か変わっていたかもしれないのに。俺は金魚の糞にすらなれなかった。すべてを相手のせいにした。自分の殻に閉じこもった。

そこから小学校を卒業するまで、俺はずっといじめられた。卒業アルバムの寄せ書きに他の子たちがボールペンで「6年間ありがとう」みたいなことを書いている中、俺1人だけマジックを使って「やっと終わった」と書いた。

人間とは小狡い生き物

俺がいじめられてた時期、先生たちは何もしてくれなかった。そもそも俺が学年で異端視されるきっかけになったのは、3年の時の担任が俺を隔離教室に閉じ込めたからだ。俺にも問題はあったと思う。たくさん本を読んでいて小利口で生意気なガキだったと思うし、可愛げもなければ清潔感もなかっただろう。

俺は俺ですでに水木しげるに影響されまくっていたから、大人は、というより人間とは、どんなに取り繕っても汚くて小狡《こずる》い側面があると思っていた。だから大人が助けてくれなくても、「知ってる知ってる。だって水木しげるのマンガでこういうシーンあったもん」ぐらいの感覚だった。

5年の時の担任には「お前はろくな大人にならない」と言われた。まあ確かに今の俺は「ろくな大人」になってないから、ある意味当たってるけど、クラスという小さな社会の中で、圧倒的に弱い立場だった当時の俺に対して、もっと何かやることはあったんじゃないのか、と思うこともある。もちろんこれは俺の視点であって、先生には先生なりの考えがあったのかもしれないけどね。

初恋

本当に地獄のような日々だった。毎日毎日、外見をからかわれていると、だんだん本当に自分が汚い人間なんだと思えてくる。精神的にも厳しい時間を過ごした。けど、たった1人だけ仲良くしてくれるYという女の子がいた。彼女は教室の中で唯一俺に悪意を持たずに話しかけてくれた。自然体で話せる人間が本当に少なかったから、Yといる時間だけは心が安らいだ。

だけど、両親は俺がYと仲良くなることを良く思わなかった。母などは夕飯の時に「あの子と仲良くしすぎちゃダメだよ」と言ってきた。最初は理由がわからなかった。

そんなある日の夜、俺が自宅にいるとインターホンが鳴った。父が出るとドアの向こうにはYがいた。そしてこう言ったんだ。

「おじさんは神様を信じますか？」

Yの両親はとある新興宗教の熱心な信者だった。子供にインターホンを押させて、会話の糸口を作ったところで親が出てくる。これが勧誘の手法だった。Yとその一家は学校でも悪い意味で有名だった。だから彼女もあまり友達がいなかった。

でも俺にとっては彼女の家がどんな神様を信じていようが関係なかった。それにYは2人きりになると「私は神様なんてどうでもいいの。宗教なんて信じてない。家では普通にゲームして遊んでるしね」と話していた。俺とは違う境遇だったが、Yも孤独だった。彼女は学校の中で、俺に対して攻撃せず、憐れみの目も向けず、ただ他愛のない会話をしてくる唯一の存在だった。俺は人生で初めて、Yを女性として好きになった。

ある日の放課後、家庭科の教室でYと2人きりになった。いつものようにたくさん話をした。そしてYが帰ろうと席を立った時、俺は意を決して「誰か好きな人はいるの？」と聞いた。すると、ニコッと笑って「いま一番私の近くにいる人かな」と言った。そして走って帰っていった。教室はカーテン越しに西陽が射しこんで赤く染まっていた。校内には帰宅を促す「夕焼小焼」のチャイムが鳴っていた。だけど、俺たちはそこからどうにかなることはなかった。俺もYも卒業して、そのまま二度と会うことはなかった。

中学受験

中学は地元の公立校ではなく、私立の中学校を受験したいと両親に頼んだ。人間関係をリセットしたかった。この社会から抜け出したかった。

第一志望は東京の目白にある学習院中等科だった。俺が魅力を感じたのは、ここの図書館だ。数万冊の本が蔵書されている。読書はあいかわらず大好きで、小学校の図書室にあっためぼしい本はあらかた読みつくしていた。一生かかっても読みきれないほどの本がある学習院は俺にとってものすごく魅力的な進路だった。

だが学習院は誰もが知る人気校だ。当然のことながら非常に倍率が高い。俺は受験に向けて小学5年から塾に通い始めた。夏期講習やゼミにも参加した。必死で勉強したが過去問の難しさは異常だった。教科によっては問題の内容すらほとんど理解できない。だが俺はここが人生の転機になると思った。だからまったく理解できない問題も必死で暗記した。塾の同級生も「きっと受かるよ」と言ってくれた。

入試はあっという間にやってきた。この日のことで鮮明に覚えているのは、圧倒的な敗北感だ。まるで歯が立たなかった。

試験終了のチャイムが鳴り鉛筆を置いた時、自分がこの舞台に立つ準備がまったくできていなかったことに気付かされた。得意科目の国語ですらほとんどわからなかったからだ。そんな経験は塾に通っていた頃も含めて初めてだった。つまり俺はただ本が好きなだけの劣等生だったのだ。気まぐれにエントリーして合格できるほど世の中は甘くない。そしてこの話にも奇跡的などんでん返しはない。

補欠すら引っかからないことはわかっていたが、奇跡が起こるのではないかと合格発表の日まで思っていた。その日はとても寒かった。俺は目白まで行った。当然のことながら、掲示板に俺の番号はなかった。俺は落ちたのだ。そして泣いた。人生最初の挫折だった。この時になって「親や先生の言うことを聞いてもっとちゃんと勉強しておけばよかった」と思った。そんな自分が余計に情けなかった。「ダメで元々」と開き直ることすらできなかった。

帰りに目白の自販機で買ったオレンジジュースの味は今でも覚えている。失意の甘酸っぱさがあった。その悔しさを忘れないために、俺は近くのトイレで缶を洗って自宅まで持って帰った。結局俺は滑り止めの第三志望、とある大学の付属中学に進学した。

第2章

般若のアルバム

ポータブルMDプレイヤー

嫌な思い出しかない地元を抜け出せるのは本当に嬉しかった。中学校の入学式の日、初めての制服に袖を通してネクタイを締めながら鏡の向こうの自分に笑いかけてみた。これから新しい生活が待っている。新しい友達ができるかもしれない。期待に胸は躍っていた。

中学に受かったお祝いとして両親が当時発売されたばかりのポータブルMDプレイヤーを買ってくれた。あまりに嬉しくて、いつも持ち歩いていた。学校は千葉県内で一番東京に近い浦安にあった。毎朝ディズニーランドに向かう人ごみにまぎれて通学した。地元から電車で30分、駅から徒歩で20分。アルバムを1枚通して聴くにはちょうどいい距離だった。

音楽を聴きだしたのは、受験勉強をしていた小学校高学年の頃。勉強をしながら聴いたAMの深夜ラジオが切っ掛けだった。

パーソナリティのトークがひと段落して曲が流れそうな雰囲気になると、ラジカセに指をかけてカセットテープに録音した。それを何度も繰り返し聴いたのを覚えている。MDはカセットテープに比べて音が劣化しにくい。今はデータの時代だから理解できないかもしれないけど、当時の中学生にとってポータブルＭＤプレイヤーは本当にすごいものだった。買ってくれた時は、嬉しすぎてなぜかインスタントカメラでＭＤプレイヤーの写真を何枚も撮ってしまったくらいだ。

中学に上がり、新しい友達もでき、ＭＤという素晴らしいアイテムをゲットしたことで、俺は徐々に音楽を聴くようになっていた。当時はＡｐｐｌｅ　ＭｕｓｉｃやＳｐｏｔｉｆｙはもちろん、ＹｏｕＴｕｂｅのようなサービスもない。ＣＤを買う金のない子供たちはＴＳＵＴＡＹＡみたいなレンタル店でＣＤを借り、カセットやＭＤにダビングしてから繰り返し聴いていた。

当時聴いていたのはＪポップ。いわゆる流行歌だ。新しい友達と一緒にカラオケで歌うためにたくさん聴いた。俺はいつもダビングするだけじゃなくて、歌詞カードもすべてパソコンに書き写していた。「返却期限が来るまでにこのＣＤに吹き込まれている言葉をすべて自分のものにしたい」。何曲も何曲も書き写していくと、俺はあることに気づいた。書かれている言葉がどれもピンとこないんだ。

小学校の頃に読んでいた本には鋭く尖っていて、しかも上っ面だけじゃない強度を持った言葉が書かれていた。例えば、俺は本を選ぶ時、まず適当にパラパラとページをめくる。読みたくなる本には、膨大な文字列の中で引っかかる言葉がある。けど当時俺がレンタルしてたような曲からはあまりそういう引っかかりを感じることはなかった。俺は人間臭さや人情味を感じさせる音楽が好きだった。だけどそういう曲は中学生のカラオケでは盛り上がらない。だから結局売れてる曲をたくさん聴いて覚えた。

しかし、次第に友達とカラオケに行くために、好きでもない曲を聴くという行為自体に意味を見出せなくなってしまった。そしていわゆるJポップの流行歌を聴くのも、歌うのも、覚えるのもやめた。

『おはよう日本（無修正 Version）』

こんなふうに書くと私立の中学に行って、いわゆる「普通の」学生になれたように思えるかもしれない。

だがこの学校にはどうしようもないやつらばかりが集まっていた。教室の後ろの壁には誰かが蹴っ飛ばしたのか大穴が空いていた。しかも穴の淵に飲み終わった牛乳パックが詰め込まれていたので、近くに行くと饐《す》えた臭いがする。あの教室は文字通りゴミ溜めだった。クラスメイトにもユニークなやつらが揃っていた。「マンコ」と連呼して自分の携帯を床に叩きつけるやつ、無意味に教科書を破くやつ、掃除用具のロッカーを2階からぶん投げるやつ。彼らはそうやって自分のヤバさをアピールした。

もっと荒廃した地域の公立校だったら、ダイレクトに暴力が行使されていたと思う。だけど俺が進学したのは私立の一貫校。つまりある程度裕福な家庭で育った子供たちが集まっている。この学校にいたそういうやつらは暴力を振るうのも、振るわれるのも嫌だった。だから奇抜な行動で相手を牽制する。本当の不良にはなれないが、悪さには憧れる。中途半端なろくでなしが揃っていた。

だが小学校に比べれば全然マシだった。そもそも俺が小学生の頃にややこしいことになっていたのは、小3の頃にクラスから1人隔離され、そこから生まれた偏見と、俺自身の人間性が複雑にもつれあっていたから。中学には俺の過去を知る者は1人もいなかった。環境としてはカタストロフィ極まりない場所ではあったが、俺自身はそいつらとつるむわけでもなく、かと言って敵対するわけでもなく、自分なりの距離感で付き合っていた。

中学ではバスケ部に入った。そこで仲良くなったのがAだ。Aの家は母子家庭だった。両親の経済状況は、子供たちに影響する。みんなと同じおもちゃを持っていなかったり、お金がかかる場所には頻繁に行けなかったり。俺もボンボン私立の中では貧乏なほうだったので、自然とよく遊ぶようになった。当時、幕張にはストリートバスケ用のコートがあったので、休みの日に予定を合わせて一緒にバスケをしていた。

Aは音楽にも詳しくて、日本語ラップを教えてくれた。DABO、KICK THE CAN CREW、SEAMO、SOUL'd OUT……。Jポップの歌詞は全然ピンとこなかったけど、日本語ラップの歌詞には力強い言葉が多かった。「こんなことも言っていいんだ」と驚いたのを覚えている。俺たちは幕張のストリートバスケのコートでよくヒップホップの話をしていた。

そんなある日「ヤバいやつがいる」と言ってCDを貸してくれた。

それが般若さんの『おはよう日本（無修正Version）』だった。アルバムではなくシングルで、歌詞もアルバムに入ってる曲よりも過激だった。

中でも衝撃を受けたのはカップリングで入っていた「残党」。歌詞には般若さんの愛国心と日本人らしい思想が表れている。俺がこの曲を教えてもらったのは2004〜5年。日本のヒップホップシーンはひとつの転機を迎えていた。

2000年頃からヒップホップが若者から爆発的に支持され、多くのアーティストがメジャーレーベルと契約した。２０００年代初頭はアメリカでもヒップホップが音楽シーンの中心になっているような時期だった。「日本も同じ状況に」。そんなノリがあったように思う。けど日本とアメリカでは文化的に積み重ねてきたものが違うので、アメリカで流行っているような曲を日本で発表しても、反応が違う。つまりブームが下火になりつつあるような頃だった。

初期の般若さんの作品は右翼的なリリックが多いけど、これはそんな日本のヒップホップシーンに対する般若さんなりのカウンターだったように思っている。「より日本的なヒップホップ表現とは」「自分たちの感覚に根ざしたラップとは」。そんな思いが伝わってくるようだった。

歌詞もそれまでの日本語ラップにはない生々しさがあった。さっき日本語ラップの力強さに驚いたという話をしたけど、般若さんはそんなもんじゃなかった。心の中で感じていても絶対に口にしてはいけないような言葉、そういう本質的なタブーすらも音楽で表現しているように感じた。

当時の俺は、別の友達の影響でロックも聴くようになっていた。そいつは不登校気味で、たまに学校に来ても、すぐに保健室へ直行し、若い女の先生の目を盗んで『ふたりエッチ』

を読んでいるような変なやつだった。俺自身も小学生の頃はいじめられっ子だったから、面白い奴だなとちょいちょい保健室に遊びに行くようになった。そしたらそいつは、めちゃくちゃ音楽に詳しくて、俺にニルヴァーナやナンバーガールみたいなカッコいいロックをたくさん教えてくれた。

だけど、般若さんを聴いたらロックよりもラップにどっぷりハマってしまった。それくらいの衝撃だった。俺は『おはよう日本（無修正 Version）』を貸してもらった後、すぐに『根こそぎ』を買いに行った。中学生にとって、3000円近くするCDアルバムは安くない。けど少ないお小遣いを貯めて、なんとか買った。そしてほとんど毎日学校の行き帰りに聴き続けた。今でも1曲目の「レクイエム」から15曲目の「東京ONE」まで、歌詞カードを見なくてもソラで歌える。

般若さんには当時から熱狂的なファンが多いけど、それは常に般若さんしかできない表現方法を突き詰めているからだと俺は思う。だから多くの人の心を強烈に鷲掴みにするんだ。

真っ黒い太陽

中学2年の時、俺は眉毛をすべて剃り落とした。別に不良になったわけじゃなかった。きっと周りにおしゃれな人たちがいれば普通に髪を染めたり、ツーブロックにしたり、パーマをかけたりしていたと思う。けどうちの中学には奇抜なことをしたがる人が多く、俺も自然とその空気の中で「剃りたく」なってしまったのだ。環境とは恐ろしい……。もっともそんなことをしているのは俺だけだったが。

ＧＡＤＯＲＯと一緒に作った「真っ黒い太陽」という曲がある。

捻じ曲がったパイプ　キティちゃんのサンダル
メリケンサック　無くなる時間の感覚
血だらけの制服　千葉の片田舎
帰り道耳に入れたイヤホンから般若
発狂したクラスメイト　破かれた教科書
崩壊した学級で殴られた放課後

このラインはまさに眉毛を全剃りした頃の話。

事の起こりは、クラスメイトがしていた特攻服の話を偶然耳にしたことだった。俺は何気なく「（特攻服が）ネットで売ってるらしいぜ」と言った。なぜかこの俺の一言が伝言ゲームになる。そしていつのまにか俺がネットで特攻服を買ったという話になってしまった。すると噂は学校を退学になった男の耳に伝わる。その男は千葉の有名な暴走族のメンバーとなんらかのつながりがあったらしい。彼はある日、手下とともに学校まで俺に会いにやって来た。暴走族にとって特攻服は命だ、特攻服をお前が金で買うってのが許せないと激怒している。そいつはキティちゃんのサンダルを履いて、メリケンサックをつけていた。

俺は近くの大きな幹線道路の道端に連れて行かれた。そこは遮音壁があるから大きな音を出しても周りには聞こえない。嫌な感じだった。けど、そもそも俺は特攻服を買おうとなんてしてない。説明しようかと思ったが聞く耳を持たなそうだ。しかもその男は手下を連れて来ている。つまり自分の強さを手下に見せつけたいんだ。そんな状況で俺があれこれ説明しても無駄だと思った。

俺はその男からめちゃくちゃに殴られた。「やり返してもいいぞ」顔も体も血だらけになった。やり返そうかと思ったけど元々俺たちはクラスメイトだった、一緒に帰ったこともあるし席が後ろだったこともある。ただサンドバッグのように俺は殴られ続けた。手下は止めるでも殴るでもなく、見ていた。

何時間殴られたのだろう。時間の感覚は無くなっていた。「最悪だな」。ボロボロになった俺は、血だらけの制服を駅の洗面所で流してから般若さんを聴いて帰った。

ちなみにこの話には後日談がある。俺をボコボコにしたその男も、暴走族のメンバーではなかった。そして数ヶ月後、俺の前に現れて、青い顔で「あのことは誰にも言わないでほしい」と平謝りしてきた。暴走族でないやつが暴走族のように振る舞うのもご法度中のご法度。もちろん俺はそのことを誰にも言わなかった。ボコられたことはすでにどうでも良くなっていたし、そもそもすべては俺の軽口が原因だから。そう納得していた。だが中学時代の思い出という意味ではこの日のことは、のちにリリックにするくらい鮮烈なものだった。

Windows98

リリックといえば、俺は小学生の頃から文章を作るのが好きだった。

俺の部屋には父のおさがりのWindows98があった。当時の我が家はエンターテインメントを病的なほど忌避していたので、当然インターネットには繋がっていない。外部からシャットアウトされたそのパソコンに、俺は毎晩のようにその時の感情をぶつけ膨大な量の文字を打ち込んでいた。特にいじめられていた小学生の頃は、「死んだように生きているくらいならせめて何か残しておこう」。そんな気持ちでキーボードを叩いていた。誰かに見せるつもりはなく、毎日更新される遺書のようなものだった。

中学に上がっても文章を作ることは続けていた。ボコられた日もキーボードを叩いた。辛いことがあった日は打つ手が進んだ。限られたボキャブラリーの中からできるだけ的確な日本語を選んで、爆発しそうな気持ちを形にする。そんなことをしてると不思議と気持ちが楽になった。親には勉強していると嘘をついて、1人だけの世界に閉じこもって暗い部屋で延々と言葉を打ち込み続けた。

そういえば、自分で想像したサイコパスが猟奇殺人事件を起こすというノンフィクション風のルポルタージュを書いたことがあった。その中には詩があったり、報告書があったり、記録や名簿があったりもした。それらを自分で編集してひとつの事件に帰結させる。

自分でもよく書けたと思ったので、プリントアウトして友達に見せたんだけど、「どうせ誰かのパクリだろ」と言われてしまった。でも違う。ちゃんと俺が書いたんだ。それくらいのクオリティはあった。国語には自信があった。俺が通っていた学校は全国に中高一貫の付属校があって、毎年夏に成績優秀者だけが参加できる「学園オリンピック」というイベントを開催していた。中学、高校時代を合わせて作文部門で３回出場し、最優秀賞を２回も獲ったんだ。

こうして思い返してみると、架空の猟奇殺人事件をノンフィクション的な文章にまとめるという行為は、当時の俺という人間を見事に象徴している。

俺は頭のおかしいフリをする同級生に感化されて眉毛を全剃りした。だが本物の不良にはならなかったし、なれなかった。しかも水木しげるの異形に影響を受け、世の中に対しては依然として不条理さを感じていた。いじめられた経験も大きい。先生が助けてくれなかったのもしんどかった。そういった感情が複雑に交差した結果、俺は脳内で猟奇殺人を犯す架空のサイコパスを生み出したのだろう。

さらに俺らしいと思うのは、それを客観的な視点の文章にしていること。サイコパスの一人称ではなく、事件とはまるで関係のない第三者の視点から物事を捉えていた。俺自身にもそういうところがある。いじめられてる時も、ボコられてる時も、その時は当然本当に辛いけど、頭のどこかに冷めた視点があった。

架空の猟奇殺人事件のノンフィクションを書いていた時は、自分を表現しようなんて少しも考えてなかったけど、自分の感情を素直にぶつけた表現だったから、結果的に当時の俺という人間が出てしまったのかもしれない。こうして人生を振り返ってみて、初めて気づいた。やっぱりものづくりは面白い。

包茎手術

中学時代の最後に、ひとつ話しておかなければならないことがある。

俺は包茎手術を受けた。

それまで、俺の股間には名菓ひよ子みたいなものがぶら下がっていた。真性包茎だったのだ。最初のほうでも言ったけど、俺はかなり幼い段階から性に目覚めている。当然セックスがどういう行為かも知っていた。さまざまな文章やマンガでそういったシーンを観てきたが、どうにも自分に置き換えて考えることができない。性器を上下にこするなんて痛くて無理だ。勃起はした。だからひよ子を床に擦りつけて、射精を体験したことはあった。だが、「いや、たぶん本当はこういうことじゃないんだよな」と薄々感づいてもいた。何が問題なのか。

「亀頭と呼ばれるものがない」

「ひよ子の皮の中にあるらしいが痛くて剥けない」

「俺は病気なのか？」

「先天的に人とは違う形で生まれてきたのではないか？」

そんなこと、授業では教えてくれないし、先生に相談するにはあまりにも恥ずかしすぎる案件だった。それに俺は小学校の一件以来、学校の先生そのものを信用してなかった。

15歳の、とある夜。俺は母に相談することにした。自宅で打ち明けた。

「どうやら俺の股間は人と違うようだ」

すると母はパンツを脱ぐように言った。

母は俺のひよ子を見た。

何かを納得した様子だった。

俺は数日後、近所の泌尿器科に連れて行かれた。先生はまじまじと見てから「これなら大丈夫」とひよ子を無理矢理、第二段階に導いた。これが信じられないほど痛かった。しかし、これで俺も性の世界に入っていけると思った。イニシエーションだ。股間に脈打つ熱と、ズキズキする痛みを感じながら、同時にすこしだけ喜ばしい気持ちで帰宅した。

すると一本の電話が。今日行った泌尿器科からだった。

「やっぱりあのままだとダメなのでしっかり手術しておきましょう」

俺は15歳で包茎手術を受けた。術後2週間くらいして、抜糸も終わり、包帯をしなくてもよくなった。これで俺のひよ子は文字通り一皮剥けた。それまでの幼い表情はすでになく、男性的で力強さすら感じた。率直に「俺のちんこはこんな形だったのか」と思った。もちろんオナニーもした。あまりに簡単に射精できてびっくりした。以前は延々と床に擦りつけたり、エロを心に刻んだ状態で就寝して夢精を待っていたからだ。

包茎手術は自分でもよくわからないうちに事が運んでいった。でも今思えばあの時の母の判断は正しかったと思う。あのまま1人で悩み続けていたら、俺は性格的にきっと性欲をこじらせていただろう。性に関する問題はトラウマになりやすい。俺はただでさえめんどくさい性格の人間だ。思春期の段階でひよ子を成長させたことで、俺は余計な荷物を背負わずに済んだ。

第3章

初ライブ

童貞喪失

高校に入って最初のトピックは童貞を捨てたことだ。包茎手術を終え、俺は自分がようやくスタート地点に立てた気がしていた。そして一刻も早くセックスをしてみたかった。文章や写真、ビデオみたいなものでは満足できなかった。

普通の発想だと同級生の彼女を作って、みたいな話なんだけど、直感的に同じ学校のやつと関係するのは面倒だなと思った。恋愛がしたかったわけではなく、とにかくセックスがしたかったからだ。

当時の俺は15歳。当然ソープには行けない。誤魔化すにしてもまだ幼すぎるルックスだった。そこで当時、同世代で爆発的に流行っていた「前略プロフィール」で相手を探すことにした。

前略プロフは簡単に自分のプロフィールを作ることができるウェブサービスだ。感覚としてはのちのｍｉｘｉに近い。日本における最初期に流行った部類に入るＳＮＳだ。今ではＳＮＳで世界中の人と簡単につながれて逆にウザくなることもあるけど、当時は地元以外の見知らぬ人と知り合えて、かつ手軽に利用できるこのツールはすごく新鮮なものだった。前略プロフには個人間でメッセージを送り合う機能がなくて、ゲストブックと呼ばれる掲示板で会話するシステムになっていた。

俺は日本全国の女の子たちのプロフに片っ端からコメントを残していった。すると山形在住の女の子と頻繁にやりとりできるようになった。そして夏休みに実際に会えることになったんだ。しかも彼女の家に泊めてもらえる。

俺は高一の夏休みに電車を乗り継いで千葉から山形までその子に会いに行った。駅に迎えに来てくれたその子は、俺の想像とはちょっと違っていた。ちなみにこの段階では、お互いに具体的な話はしてない。

夕方くらいに彼女の家に行くと家族が俺を歓待してくれた。どうやら事前に俺が来ることを話していたようだ。お父さんはたまたま不在だった。彼女のお母さんがご馳走をたくさん作ってくれて、それを俺、彼女、彼女の妹、お母さんの4人で和気あいあいと食べた。彼女の家族といろいろ話したけど、正直内容はほとんど覚えていない。俺は何のために山形まで来たのか。それは童貞を捨てたかったからだ。

食後、俺は彼女の部屋に案内された。細かい話は生々しいので避けるが、結論から言うと、その晩に俺は童貞を捨てた。幼稚園の頃からあらゆるメディアから得た知識を総動員して、しっかりと終わらせることができた。

翌朝、俺は何食わぬ顔でお母さんが作ったご飯を彼女と食べていた。すると彼女の妹が2階から下りてきてこう言うんだ。「お母さん大変！　お姉ちゃんのベッドに血がついてるよ」。そう。俺を家に招いてくれた彼女も初めてだったんだ。さすがに焦った。なにせ彼女とも、彼女の家族とも初めましてだし、しかも俺は山形ではなく千葉の人。はっきり言って赤の他人だ。そんなやつが自分の娘と昨夜セックスした。さすがにヤバいんじゃないかと思った。だけど彼女のお母さんは「お姉ちゃんは大丈夫だよ。そういうことがあるんだよ。おっきな声出すのはやめなさい」と妹をたしなめた。

彼女とお母さんの間に事前にどんなやりとりがあったのかは知らないけど、お母さんはいろいろ察してくれていたようだ。おそらく俺が泊まりに行った日に彼女のお父さんがいなかったのも、何らかの配慮だったのかもしれない。

こうして俺は童貞を捨てた。その彼女とはその後もやりとりしていたけど、山形と千葉という距離感もあって、連絡を取る回数は減っていった。

夜の世界へ

高校2年の冬休み頃から、俺は少しずつ日本語ラップのイベントに行くようになった。きっかけは同級生が誘ってくれた大学生主催のダンスイベント。そこにラッパーも出ていたんだ。ラッパーのライブはほとんどなかったけど、そもそも初めて生でラップしている人を観たので、すごく衝撃的だったのを覚えている。

イベントの後、その人に恐る恐る声をかけた。「お疲れ様です、さっき見てました…すごいですね」。俺は般若さんばかり聴いていたので、日本語ラップをやってる人は全員怖い人だと思ってた。この人も夜の現場を知り尽くしている猛者なんだろうと想像していた。だけど実際に話してみるとその人はすごく優しくて、「そんなに好きなら、今度一緒に日本語ラップの現場に行こうよ」と誘ってくれた。同年代だとわかって連絡先を交換すると、定期的にイベントの情報を送ってくれるようになった。そのラッパーはMARONというやつでいまは千葉の山奥で釣りに勤しんでいる。あの時、彼が誘ってくれなければ俺はこの世界にいなかったと思う。

俺の中では日本語ラップはすごい人だけができるものだと思っていた。ラッパーとしてフライヤーに名前がクレジットされる人は学生には想像もつかないような技を持っている人だけ。勝手にそう思い込んでいた。

だけど、MARONたちと一緒にクラブに行くようになると、そんなに上手くない人も、むしろ下手くそな人も、普通に出演者としてフライヤーにクレジットされているという事実を知る。そして「俺もラップしてみたい」と思い始めた。

さらに2回目に行ったクラブで、八王子のANCELLくんというラッパーに出会う。そのイベントにはラッパーがたくさん出演していた。だけどその夜俺が観た中ではANCELLくんが一番カッコよかった。だから思い切って話しかけて「弟子入りさせてほしい」とお願いした。すると「弟子入りとか、そういうのはやってないけど、またライブやる時は誘うよ」と言って連絡先を交換してくれた。

彼は八王子出身だけど、渋谷はもちろん、埼玉とか関東近郊のいろんなところでライブをしていた。俺は学校生活と両立させながらそれらのイベントについていくようになり、クラブの現場で即興のラップ、つまりフリースタイルという概念を知る。

冬休みにMARONたちと出会い、一緒にクラブに行くようになり、ANCELLくんと知り合うことで、俺は加速度的にラップすることに対する興味を深めていた。クラブでサイファーを見かけると、酒をあおってから輪に加わってみたりもした。最初はすごく緊張したし、全然上手くできなかったけど、いろんなクラブで下手くそなやつも観てたから、そういうもんだと思えた。あとｍｉｘｉのコミュニティで北千住の駅前でサイファーをやってることを知り、１人で混ざりに行ったこともある。そこには黄猿《きざる》くんもいた。

子供の頃から読書をしていたせいか、言葉はポンポン出てきた。本当に誰でもやれるものなんだと思う。

もちろんうまい奴も微妙なやつもいる。ある程度以上のレベルになると努力じゃ届かない部分もあると思う。けど始めるのは誰にでも、いつでもできる。俺はサイファーで他のラッパーのフリースタイルを聞いて嫌になってしまったことが何度もある。最初はそんなんでもいいと思う。ヘコまされて諦めるくらいなら、別のことをやった方がいい。

すると、いろんな現場でサイファーに参加していた俺を見て、ある日ＡＮＣＥＬＬくんが「今度のイベント、ラッパーとして出たら？」と誘ってくれたんだ。本当に嬉しかった。でも自分の曲なんてない。やり方もわからない。そもそもトラックも持ってない。現場に行き始めて２～３ヶ月。お願いできるトラックメイカーの知り合いがまだ１人もいなかった。

実は初ライブのトラックをどうやって調達したかよく覚えてないんだ。ＡＮＣＥＬＬくんが使ってないトラックを借りた気もするし、ＴＳＵＴＡＹＡで中古で買った童子－Ｔのシングルのカップリングに入っていたインストを使った気もする。とにかくデタラメだった。「Ｆｒｉｄａｙ Ｎｉｇｈｔ」というオールナイトイベントだった。俺はこの日のために曲を書き下ろそうと思っていたけど、そもそものイベントに行ったこともないし、「金曜の夜」だけじゃその時の俺にはあまりにも漠然としすぎていて、そこから何かを表現して形にすることはできなかった。だんだんイベント当日が近づいてくるのにライブのための準備はまったくしていなかった。

この時の俺はヒップホップ云々《うんぬん》以前に音楽のことを何も知らなかった。ラッパーはライブごとに歌詞を変えるし、1回のステージのために曲を作るものだと思っていたんだ。どういう流れでそう思い込むようになったかは謎だけど、この間に俺が見ていたのは瞬間のバイブスを重視したラフな現場が多かった。だから、俺はヒップホップの現場とは、行くたびに毎回違う、即興的なものなんだろうと勘違いしてしまったんだと思う。

俺は自分にステージネームがないことにも気づいた。正直名前なんてなんでもいいと思っていたから全然思いつかなかった。でも自分の新しい名前だし、どうせなら好きなものから引用したい。それなら妖怪がいいと思った。気になった妖怪の名前をネットで片っ端から調べることにした。

ちなみに高3の段階でも我が家のパソコンはネットに繋がってなかったので、その調査は日本語ラップが大好きなアニオタの友達の家で、今もつるんでる須藤と3人でやった。最初は「火車」と書いて「かえんぐるま」はどうだろうと思った。けど、その名前はインディーズのロックバンドがすでに使っていた。

「輪入道」は次の候補だった。「輪入」は輪に入るイメージでサイファーっぽかったし、「道」は未来を感じさせて好きだった。だけどこの時は「輪入道」という名前をこんなに長く使うとは夢にも思ってなかった。飽きたら変えればいいかって感じ。「輪入道（仮）」みたいなノリだった。

あーでもないこーでもないと悩んでいる間にイベント当日を迎えてしまった。会場は千葉都市モノレールの市役所前という駅のすぐ近くにあった「ジャンプアップ」というライブハウス。俺も含めて10人くらい歌い手が出るイベントだった。

バックDJなんていないからライブハウス付きのPAさんに音を出してもらうことになるんだけど、リハの時に用意したはずのCD-Rがない。家に取りに帰ろうかと思った。そしたらなぜかトイレに俺のCD-Rはあった。

PAさんに渡そうとしたら、「今日、これからライブするお前にとって、このCD-Rは命より大事なものだろ！」ってものすごく怒られた。その人は俺が初ライブだということを知ってたから、注意してくれたんだと思う。

なぜか俺の出番はトリだった。一番人がいない時間だったのかもしれない。俺の出演する3部ショーケースが始まる前のＤＪタイムでフロアにいたら、ブースでレゲエの歌い手がフリースタイルを始めた。ガリアーノという同い年のプレイヤーで、当時はスネークという名前で活動していた。普通は初ライブの出番前なんてガチガチに緊張して他人のフリースタイルなんて耳に入ってこないはずなんだけど、現場の雰囲気が良かったのか緊張をほぐしたかったのか俺はブースに入ってマイクを取ってしまった。

するとスネークは自分が攻撃された、バトルを挑まれてると勘違いしたようで、めちゃくちゃ俺をディスってくるではないか。もちろん俺はこの直後に初ライブを控えている。しかし言われたからには返さなくてはいけない。俺も応戦した。結構な勢いの応酬だった。細かいことは覚えてないが、俺たちはとにかくヒートアップした。だって俺は喉を潰してしまったのだから。ライブの前にバトルで声が出なくなるなんて最悪だ。どうしようかと思ったけど、もうやるしかない。曲は用意できなかったから、全曲インストに合わせてフリースタイルでやると決めていた。

俺は元からフリースタイルの人間だったんだろうなと思う。自分のリリックも、自分のトラックも、何も用意してなかったけど、ステージに立つと体の奥からエネルギーが湧いてきた。ついさっきまで潰れていた声もステージに立った瞬間にいくらでも絞り出せるようになっていた。アドレナリンジャンキーなのだろうか。

俺はライブの時、酔っ払いたちの前で自分の感情をステージで爆発させる。それはこの最初のライブから変わっていない。即興でラップしたから内容は覚えてないけど、自分が初めてライブすること、曲を書こうと思ったけどできなかったこと、今日この場を盛り上げたいと思っていること。そんなことを歌ったんだと思う。

持ち時間は3曲分だったけど、最後の1曲はアドリブで観客をステージにあげた。するとさっき俺と散々やりあったスネークもステージに来てくれて、ピースなラップをかましてくれた。俺は自分のバイブスが伝わったんだと思った。嬉しかった。ちなみにスネーク、いやガリアーノは本当にいいやつで、その後も一緒にイベントに出たり遊んだりする仲になる。

もちろんこれは俺の主観だから、この日の俺のライブを観てた人は違う感想を持つかもしれない。けど、ライブが終わった後、リハでめちゃくちゃ怒られたPAさんに挨拶しに行ったら「マジでお前のライブはすごかった。絶対に有名になれる。これからもがんばれよ」と言ってもらえた。初ライブにはいい思い出しかない。今思えば、この日のライブが俺のスタイルを決定づけたと言える。現場の生の空気感をしっかりと捉え、そこに自分の感情を乗せて、観客と向き合うこと。俺はその後どのイベントでもフリースタイルだけでライブをするようになった。

フリースタイルだけでライブするラッパーは少ない。一般的には、持ち歌で組んだセットリストの合間に少しやるくらいだと思う。ハマれば爆発的な盛り上がりを作ることができるけど、下手な奴がやりすぎると飽きられて空回りする。それにこの頃は途中で言葉に詰まってしまうことも全然あった。そんな時の会場の空気ときたら……。思い出すだけでも背筋が寒くなる。

実際、そんな現場を何度も経験した。今すぐ帰ってしまいたいくらい辛いけど、ステージから逃げ出すわけにはいかない。

どんな現場でもしっかりと盛り上げられる持ち曲を用意すればよかったけど、当時の俺の周りにはプロデューサーやトラックメイカーの知り合いがいなかったし、何より初ライブの成功体験が大きかった。会場の空気と自分の脳みそが回転してはじき出される言葉が完全にシンクロすると、無限にイメージが広がり続ける不思議なゾーンに体が入っていく。それを見ているお客さんの意識をゾーンから出さないためには、途切れることのないライムでグルーブを生み出して飽きさせないように言葉の詰め方の配分をチェンジする必要がある。

抒情的なストーリーテーリングばかりでは見る側も長く見ていられないし、やる側も早めに限界が来るので、ｍｉｘｉニュースで仕込んだ時事ネタや最近の酒での失敗などを合間に挟む。クリエイティブな力の循環の中心に自分がいるような感覚は何物にも代えがたい。初ライブで経験したあの高揚感を再現したい、そんな思いからフリースタイルだけでライブをやるようになった。

初めての優勝

高校3年になると、俺はライブと顔出しに没頭してほとんど学校に行かなくなってしまった。デイイベントのみに出演して学校と両立させていく選択肢もあったが俺が出たいと思ったイベントはことごとく深夜だったので、必然的に夜型の生活になった。ｍｉｘｉにイベントの様子を綴った日記をアップすると、関係者のお疲れ様でしたという挨拶にまぎれてクラスメイトから「学校来いよ！」というコメントがいくつかついていた。

フリースタイルのバトルに出始めたのもこの頃。活動の場が少ない無名のラッパーたちは、大会で優勝した賞金でその日の駐車場代を払うような生活をしていた。

俺が初めて出たバトルは八王子のイベントだ。「B-BOY PARK」や「ULTIMATE MC BATTLE（以下、UMB）」のような大掛かりなものではなかったが、フロアはパンパンで『8Mile』の「シェルター」そっくりの雰囲気に感じられた。その時は2回戦で負けた。

2回目に出たバトルは千葉のCLUB BELT（現・loom lounge）で行われた「REPRESENT MC BATTLE」。

この大会には、のちに「フリースタイルダンジョン」の「2代目モンスター」として苦楽を共にする崇勲さんがSUKUNとして出ていたほか、ZORNさんやPONEYさんも予選から出場していた。そしてこの10年以上後に「ダンジョン」の「3代目モンスター決定戦」で決勝を戦うことになるTK da 黒ぶちさんも出ていた。俺の長いプロフィールの頭の方に書いてある「ラップを始めて4ヶ月で優勝」っていうのはこの大会のことだ。

当時の一般的なバトルイベントの賞金としては高めの20万円という金額は、17歳の資産価値では50万くらいの重みがあった。観に来ていた友達にクラブの中で胴上げされたときに、一度賞金の入った封筒を落としたのだがクラブの人が「落としたよ」と届けてくれた。ラップは始めたばかりのやつでも一晩でこんなに稼げるんだってことを身をもって知ってしまった。

建学祭

親は「ラップをやめて学校に行け」と言っていた。けど、それは聞けない相談だった。学校の先生も何度も手を差し伸べてくれた。前述した国語の「学園オリンピック」の予選をその年も通過していた俺は、夏の合宿に参加すれば特別に出席日数はどうにかしてくれると先生に言ってもらえた。だがその合宿は「REPRESENT MC BATTLE」の予選と日程がかぶっていた。難しい選択だった。

決して学校をやめたいわけじゃなかった。しかしその大会でもし優勝することができれば、一気に名前が広がるだろう。決断が必要だった。もしかしたら人生の分かれ道かもしれないと思った。

合宿には参加しなかった、ほどなくして退学を宣告される。母が大きなため息をついていたことを覚えている。

本来であれば俺は10月で退学になるはずだった。しかし、俺はどうしても11月に開催される建学祭という文化祭に出たかった。同級生にヒューマンビートボックスがうまいやつがいたのだ。柔道部の木村がダントツでうまかったが他の2人も結構うまかった。彼らと組んで俺は楽曲を作っていた。グループの名前は「U.B.C」。URAYASU BEATBOX CLUBの略だった。

俺は先生たちに建学祭だけは出させてほしいと頭を下げ倒した。何度も頼み込んだ結果、先生は俺の退学日を11月の建学祭当日まで延ばしてくれたんだ。そのために出された山のような課題を仲の良かった同級生たちは手分けして手伝ってくれた。今、思い出しても頭が上がらない。

建学祭のライブは体育館で行われる。音楽好きの有志で結成されたさまざまなバンドを中心に、吹奏楽部など、毎年さまざまな人たちが出演している。俺は「U.B.C」のラッパー・輪入道として出ることが認められた。文字通り最後のライブだったので気合いが入っていた。クラブイベントでのライブ出演と並行して、建学祭に向けた準備もしっかりした。

建学祭当日。俺にとって高校最後の日。俺は体育館でライブをした。こっちは退学になるほどラップしていたしビートボクサーとの相性もバッチリだったので、内容も盛り上がりもぶっちぎりの手ごたえがあった。

この建学祭のライブは投票制だか審査制だか忘れたが一番良かった出演者を決めるシステムになっていて、選ばれると閉会式の後にもう一度ライブできることになっていた。閉会式でライブするのは当然俺たちだと思ったから、先に2回目のライブの準備をしていたくらいだった。

けど、この閉会式後のライブは学生たちの出し物というより学校の公式行事だった。保護者はもちろん、中等部や高等部、さらには大学の偉い人間も観に来る。そんな場所に今日付けで退学する生徒は出せなかったのだろう。閉会式後のライブは、俺たちではなく2位が繰り上げで出演することが決まった。

だが生徒はみんな俺たちが最後にもう一度出てくるもんだと思っていた。おそらく2位の子たちですら。それほどの差があった。閉会式で校長が締めの挨拶をしていると、実行委員の1人が俺に寄ってきてこう言った。

「行けよ。今日が最後なんだろ?」

校長のスピーチがふと途切れる瞬間を見計らって、俺はステージに駆け上がった。体育館が騒然とした。人が一斉に動き出した。座っていた生徒が全員立ち上がってステージへ押し寄せてきたのだ。

先生や大人たちは激怒していた。当然だろう。私立の大学付属の中高一貫校なんて企業みたいなもんだ。保護者は株主。今日付けで退学する人間が、校長の挨拶を遮って、閉会式の最後にラップするなんて有様は一番観られたくない。先生たちからするとこれは大不祥事だ。

マイクを使おうと手に取ったら、すぐ電源を切られた。そして全校生徒にすぐ体育館から出るようにそこかしこから怒声が上がった。先生たちが俺を下ろそうとステージに向かってくるのを、実行委員の生徒たちが体を張って止めてくれている。あいつらは俺と違ってまだ学校に残るから、のちのち死ぬほど怒られることになる。でもあいつらは自分たちが建学祭を運営しているというプライドがあったはずだ。だから大人たちの都合には従わなかった。俺にもう一度ラップさせてくれたのは、他でもない彼らだった。

中学生の子たちは無理矢理体育館から退出させられていたが、高校生の、特に同級生たちは一切静止する様子もなくステージを囲んで俺の名前を絶叫していた。ついに体育館の全体の電気が落とされた。

俺は興奮している同級生たちに向けて人差し指を唇に当て、木村たちにビートボックスを促した。無音になった薄暗い体育館に唇が奏でるビートが流れ始めた、全員が俺が何を言いだすのか待ってる。何も考えてなかったが自然に言葉は溢れ出していた。

この世の中で審査や投票なんて全部出来レースなんだってこと。自分には夢があること。下級生たちには学校をやめないでほしいこと。俺のラップは誰にも止められないこと。

同級生たちはみんな泣いていた。ラップが終わった瞬間、前にいたやつらがステージに上ってきて俺は今までで一番高く胴上げされた。「お前らもやりたいことやれよ！」そう叫んで俺は高校生活最後の瞬間を締めくくった。

あの日は俺にとって本当に特別なものだった。いつも思うことは、どんな時もあの日以上のライブをしようということ。いろんな要素が絡んで素晴らしいライブになったことはわかっている。だけど、あれ以上のライブを何度もやりたいと思っているんだ。

第4章

フリースタイルバトル

母の駆け落ちと自殺未遂

高校を辞めてから、俺はライブに専念した。平日深夜のイベントにお客さんを呼ぶのは大変だったけど、ナンパしたり友達のつてを辿ったりしてどんどん繋がりを増やしていく中で毎回5人以上は楽に呼べるようになってきた。

それにフリースタイルだけでライブするラッパーは他にいなかったおかげで、イベントの飛び道具的な存在としていろんなジャンルのイベントに声をかけてもらえるようにもなった。J-POPオンリーの「日本式」はその代表ともいえるごちゃ混ぜなイベントで、お琴やピアノとセッションしたのも楽しかった。

活動範囲はどんどん広がった。千葉で俺のライブを見たLUCK-END CREWの十影《とかげ》さんがほうぼうのヒップホップ関係者に話をしてくれたおかげで、東京のアンダーグラウンドシーンでもライブができるようになった。初めての地方遠征は静岡の沼津。確かドラムンベースが主体のイベントだったと思う。

あの頃は毎月10本近くライブをしていた。それだけたくさんの現場をすべて即興でやっていれば言うことも若干似通ってくる。気持ちが乗っていない状態で長いフリースタイルを垂れ流されるのが俺は一番嫌いだった。それはライブではなくてただのオナニーだ。ライブ本数が増えすぎたことで時々自分がそうなりかけていることがあるのは、深刻な悩みの種だった。

だが18歳の時、とある事件が起こる。

母が駆け落ちしたのだ。相手との関係は昨日今日に始まったものではないらしい。その頃の俺はまだ実家で暮らしていた。時々夜中にこっそり母親が家を出ていくのに気付いていた。

数ヶ月後、母親がかつて勤めていた会社の同期という人が「お母さんが『私はこれから青木ヶ原の樹海に入って死にます』という旨のメールを残して行方不明になった」という電話をかけてきた。たまたまその電話を受けたのは俺だった。すぐ父に伝え、警察に通報された。すると、母は青木ヶ原に向かう電車の中で錯乱していたらしく、すでに保護された状態だった。

俺は急いで母に会いに行った。その時は父と妹は来なかった。しかし母は家族の誰のこともわからなかった。解離性健忘《かいりせいけんぼう》という病気にかかっていたのだ。この病気はストレスやショックを受けた時に発症する突発的な記憶障害だ。簡単に言うとそれまでの記憶が一度すべてなくなってしまうらしい。部屋の中にいるにも関わらず「山が見えるね。だんだん小さくなっていく……消えた」とわけのわからないことを口走っていた。

俺はこの出来事をライブでラップしていた。持ち時間10分で3曲フリースタイルができるとして、その前の2曲の出来に関わらず3曲目でこのテーマを歌い始めると観客の空気が変わるのが毎回わかった。気持ちの乗り方が半端じゃなかった。歌いながら泣いてしまったこともあった。

ある意味、輪入道として最初の楽曲とも言えるかもしれない。歌詞は決まっていなかったがストーリーはひとつしかないので、毎回それを抜き差ししたり言葉を組み替えたりして場に馴染ませていく。

同じことを何度も歌っているのに慣れるということがなかった。毎回ライブごとに変わる節回し。言葉を出し始めると、強烈に瞼の裏側に光景が押し込まれてくる。潰されそうになりながら最後まで走り切る。

初期の俺のライブを支えてくれていたのは、母だった。

ZORN

いろんなライブに呼んでもらえるようになってもギャランティなんて1円も出なかった。

交通費はキセルでどうにかなるとしても、このままでは金が出ていく一方だ。

俺は当時よくしてもらっていた8thwonderのfake?さんに紹介してもらった出会い系サイトのサクラのバイトをすることにした。俺の個人の銀行口座はこの時にサクラの会社の人に給料を振り込むために銀行名を指定されて作ったものだ。10年以上たった今でも使っている。

fake?さんと地元の海で2人でえんえんとフリースタイルをやりながら散歩していると、新しいチャクラが開く感覚があった。あの時手渡しでもらった8thwonderの「Immigrate Us」。彼らの価値観を10代のうちに身近で浴びられたことがどれだけ贅沢だったのか、当時の俺にはわからなかった。

あの頃の活動で特に印象に残っているのはZORNさんだ。俺が知り合った時は、ZONE THE DARKNESSになる前で「ZONE」という名前で活動していた。

地元は東京都葛飾区の新小岩。年は俺の一個上で、当時はいろんな現場で顔を合わせていた。ZORNさんはライブパフォーマンスがトレードマークのひとつだけど、それは当時から変わらない。ラップにはスキルに裏打ちされた安定感があり、ストリートのスラングから文学的な固有名詞まで信じられないくらいボキャブラリーが豊富だった。だけどZORNさんが本当にすごいのは、ラップで会場の雰囲気を自分に引き寄せる力を持っていたこと。これは彼の地元である新小岩の空気感が大きく関係しているんじゃないかと思う。

俺自身も何度か新小岩・小岩のイベントに出させてもらっていた。しかしあそこでのライブは難しい。みんな陽気で明るい反面、トラブルや喧嘩になると文字通り「徹底的」にやる人ばかりだった。新小岩ホーミーズというクルーの中には、音楽関係ではない人もいた。ZORNさんももちろん新小岩ホーミーズのメンバーだった。地元が近いとはいえ、外様だった俺にとって新小岩・小岩のイベントは正直ちょっと怖かった。自分が彼らの前でラップするに値するラッパーなのか、そういう緊張を感じた。

ZORNさんは当時から飛び抜けてライブが脳に残る人だった。一度ライブを見ただけですべてのリリックを口ずさめるようになるほどライムの純度が高くて声が通る。同世代のラッパーとは格が違うパフォーマンスだった。今、全国の人から求められているのも当然だ。

井の中の蛙

一方の俺はというとだいぶ荒削りだった。YouTubeに俺が初めて優勝した「REP

ＲＥＳＥＮＴ ＭＣ ＢＡＴＴＬＥ」の動画が残ってる。ＺＯＲＮさんとのバトルと、ＴＫさんとのバトルだ。

実はこの動画が公開された当時、俺は「スキルでは負けてるのになぜか勝ったやつ」としてコメント欄で猛烈な批判を受けていた。確かに完全なるビギナーズラックだった。勢いだけはある生意気な新人だったから、勝てたことに自分でも驚いた。だが現場での手ごたえと感触が動画になるだけでここまで変わってしまうものなのかということにも驚かされた。

俺が活動を始めた２０００年代後半は、季節で言えば冬の時代だったと思う。キングギドラやＲＨＹＭＥＳＴＥＲに牽引されたブームは一段落していた。一匹狼の１ＭＣスタイルに憧れたかもしれないけど、特に俺は世代の近い先輩たちのナレッジをほとんど引き継ごうとせず我流で活動していた。

入ってくる情報が散発的だったがゆえいろんな街のプレイヤーが東京に集まってくる。どのメディアも取り上げないようなアンダーグラウンドシーンではガラパゴス現象が各所で起きていた。俺のように人付き合いの苦手なプレイヤーはとにかく現場に飛び込んでフリースタイルを仕掛けるしか道がなかった。というかそれが一番早かったのだ。

当時のバトルの現場はオーディエンスよりもプレイヤーが多かった。この状態はバトルが本格的に盛り上がり出す２０１０年代前半まで続く。バトルが好きで仕方ないというコアなヘッズも中にはいたけど、どちらかというとプレイヤーの関係者が多かったように思う。まだこのコンテンツがどれほど面白いものなのか世間が気付いていなかったのだ。

じゃあオーディエンスがどこにいたかと言えば、それはネット上だった。それぞれの日本語ラップ正史やバトルの基準をベースにＳＮＳや掲示板でマニアックな議論を加速させていた。つまりリアルタイムで同じ空間を共有していても、知識量には大きな隔たりがあった。ヒップホップはリスナーだけでなくプレイヤーも総じてネットに強い人が多い。俺のバトル動画を批判した人の中には同業者も多かったはずだ。

もちろん客観的にラップスキルだけを比較すると明らかに俺は負けていたけど、現場に来ないとわからない感覚もあった。ＭＣバトルがブームになって、会場の規模が大きくなり、Ｒ－指定という絶対王者やＴ－Ｐａｂｌｏｗのような若いスターが登場して、知識がなくても現場に毎回足を運ぶ人たちが増えていった。そして地下と地上を隔てる「匂い」が徐々に薄くなっていった。

「やたらと勢いのある眉毛のないガキ」。当時の俺を知ってる人はそんな印象を持ってたと思う。しかもこの頃の俺は名前だけが独り歩きして、活動実績が伴ってなかった。だから最初から構えられたり、威嚇されることも多かった。

最も象徴的だったのは、「UMB 2008」の千葉予選だ。俺は3回戦で負けたのだが、実は審査員でもある観客たちが「今日は絶対に輪入道を勝たせるな」と話していたらしい。実際俺にとって地元とは思えないほどアウェイな空気だった。何を言っても響かない。笛吹けども踊らずだった。空回りの連続。なんとか3回戦までたどり着いたけど、それ以上は無理だった。俺が負けた時、ハイタッチしていたやつもいたそうだ。

フラットに見てもらえない歯がゆさ。まるで小学生のいじめられっ子時代に戻ったような気分だった。そんな空気感は3回戦目の対戦相手だったシーモンキーくんも気づいたようだ。バトル後に歯ぎしりをしていた俺に「まあこういう日もあるよ」というニュアンスで「リラックス」と声をかけてくれた。確かに俺は自分に向けられたネガティヴな空気を感じてリラックスできてなかった。だけど当時の俺にとってはこの一言すら屈辱的に思えた。

ラップを始めてからの俺は登り調子だった。何をやってもダメだったが、ラップならイケるかもしれないと思っていた。でも今思えば、井の中の蛙。そもそもあの日は戦う以前の状態で負けていた。俺のような何のプロップスもないガキがのし上がるためには、アウェイすらひっくり返さなくてはならなかった。感情で相手に訴えかける前に、もっとスキルを磨いて上手くならなければスタート地点にも立てない。そのことを強く学ばされた一戦だった。

バトルにおける俺のラップの根本的スタイルは、この当時から変わっていない。スピリットを爆発させて場を包み込み圧倒する。だけどアウェイの空気が蔓延する会場ではそれが通じない。「UMB 2008」の千葉予選もそうだし、知らない土地でライブする時もそうだ。数をこなすことで熱量だけではパフォーマンスを成立させられない現場があることを知った。ZORNさんやTKさんと自分では何が違うのか。努力しなければならないことはわかっていたがこの頃の俺は女と遊んでいる方が楽しかった。チャラチャラしたやつのことを口先ではディスりながら、一番定まっていなかったのは自分だった。

カルデラビスタ

当時の俺にはリスペクトという概念がなかった。「向かってくるやつは全員殺す」くらいの勢いで戦っていたし、基本的に絶対に相手の努力や人生観を認めなかった。そんな姿勢がよくわかるのが「UMB 2009」東京予選で戦ったヌコラ・トスラとのバトル。

ヌコラ・トスラとは、日本初のフリースタイルMCバトルの全国大会である「UMB

２００５」で優勝を果たしたカルデラビスタさんの変名。翌２００６年にも決勝まで進み、ＦＯＲＫさんと素晴らしいバトルを繰り広げるも敗れてしまった。その後はバトルにあまり出ておらず、この「ＵＭＢ ２００９」は久しぶりの復帰戦となった。

ここでカルデラビスタというラッパーがいかに凄まじい存在だったかを話しておきたい。「ＵＭＢ ２００５」の決勝大会にはＫＥＮ ＴＨＥ ３９０、ＥＲＯＮＥ、ＤＡＲＴＨＲＥＩＤＥＲ、ＨＩＤＡＤＤＹ、漢ａ．ｋ．ａ．ＧＡＭＩなどなど、後のＭＣバトルを牽引していくラッパーたちが勝ち残った。

当時のヒップホップシーンはメジャーからアンダーグラウンドへの移行が始まっており、シーンは小さく濃くなる一方で、「基準」がない混沌とした時期に突入していた。だからこそ日本初のＭＣバトルの全国大会である「ＵＭＢ」で優勝することは非常に重要だった。

東京なのか地方なのか、ハードなのかナードなのか、内容や韻なのかフロウなのか、勢いなのかスキルなのかキャラクターなのか。優勝者がシーンの新たな「基準」を作ると目されていた。多くの人は前述の誰かが優勝すると思っていたようだ。だが蓋を開けてみると、すべての能力をバランス良く持ちつつ、同時に音楽的センスも優れたカルデラビスタが優勝した。

カルさんは俺と対戦した「ＵＭＢ ２００９」ですでにＭＣバトルのネクストレベルを見据

えていた。ただ罵り合うだけじゃなく、ラッパーだからこそ成立する、お互いを高め合う言葉のセッションをしようと。

でもあの頃の俺は「UMB」初代チャンピオンを下から突き上げてやろうという意識しかなかった。だからカルさんの言葉をとにかくすべて否定した。そうなると、当然会話は成立しない。そして「勢いのある生意気な挑戦者がジャイアントキリングをする」という空気を会場に作った。俺のやったことは挑戦者として正しかったのかもしれないけど、後々自分が活動していく中で「あれは良くない勝ち方だ」と痛感させられた。

2人の人間が面と向かって会話しているのに、俺は言葉のキャッチボールではなく、ドッジボールをしようとしていた。これはある意味、目の前の相手を一切尊重しない、禁じ手のような戦い方だと思う。俺は試合には勝ったが勝負に負けたというか、そもそも面と向かって戦わなかった。その後、活動していく中で、あの時カルさんに対してあんなダサい粋がりをしてしまったことは大きな後悔となった。

後日談だけど、その7年後の2016年「戦極MCBATTLE×BBMB」千葉予選の決勝で、再びカルさんと対戦することになった。あとでたっぷりと話すけど、この頃の俺はどん底から再出発を始めて歯を食いしばっている時期だった。俺はじゃんけんに勝って先行を選び、こんな内容のラップからバトルをスタートさせた。

じゃんけんに勝っても負けても
あんた相手
先攻しか選べねえ
何年か前
UMBの東京予選
俺はあんたに勝って
だけど実際負けたようなもんだったぜ
汚名の動き方
それがどれだけすげえか
俺もあれから5年6年経って伝わった
だから疑わないあんたのスキル
今日は
ここでだけどまたオーバー

するとカルさんはこう返してくれた。

あん時は本当にいい試合だったぜ
今でもあのカルマに囚われてる
でもそれを終わりにできねえから今日ここまで来た
お前をライブでも呼んだ
いいライブだったぜ
パンチラインだらけだ
本当に涙が出そうだった
お前のライブは本当国宝級だぜ
俺が証明する
俺が証言する
今日は

涙が出そうなのはこっちだった。カルさんも千葉出身のMCとして暗中模索しながらここまでやってきたストイックなラッパーだ。彼はこのバトルで俺の言葉を拾いつつ、過去の因縁とそれにまつわる自身の葛藤をラップした。俺も6年間胸の中にたまっていたモヤモヤをそのまま吐き出して、その時の自分は負けていたようなものだったとストレートに表現することができた。

この後も高度なバースのやり取りが3回あり、その中でカルさんは「増加の一途」から「ブームじゃねえこれは現象だ」と減少と現象をダブルミーニングでかけつつビートの打ち込みの頭に綺麗にバースをはめ込んでいくという離れ業を見せた。俺は最後のバースでこう言った。

レジェンド
相変わらずっていうところだ
筋が通りまくってて俺も何も言えなくなる
それでも見えてるもの
それだけがリアル
今のこの現状

フリースタイルダンジョンだの
なんだのどうのこうのよりも
お前が千葉獲った時の
あの感動をもう一度呼び戻してみろよ
柏、松戸、常盤のフッドスター
でもバチバチだ　俺がぶっ飛ぶさ

俺がバトルで年上の対戦相手に対して「お前」とか「てめえ」とか言ってる時は、本当にその人に対して「お前、この野郎！」という気持ちになっている。やるかやられるかの瀬戸際で敬語を使うバカはいない。ただ、見ている人がどう感じるかまで意識することができないとエンターテイメントは成立しない。

今でも俺は高ぶってくると年上の人にバトルで「お前」と言ってしまうことがある。文字起こしして嫌気がさすような言葉（死ねや殺すといったワードも状況によってはそうなる）を使わずに圧倒するのが本当のプロってやつだろう。カルさんのように。

地団駄を踏んでる間はないんだ
リマインダーなんてねえ
俺にはカレンダー
よりもこういう現場が大事なんだ
八文字、正社員、Ｍｏｔｏｉ
そしてお前
輪入道
合わせる呼吸法
ご注目
その経過も見せていく
これが本当のミステイクを見せていくスタイル

２００９年のあの日から、お互いが歩んだ決して平坦ではない道のりを踏まえて、さらに前を向いていくラップで最後のバースを締めてくれた。俺は千葉の先輩としてカルデラビスタを心からリスペクトしている。

千葉のシーン

千葉の先輩と言えば一番最初に出てくるのはやはりＨＵＬＫさんだ。国内ヒップホップ創成期から活動している御年60歳のＨＵＬＫさんは日本人最古のギャングスタラッパーで、30歳も年下の俺にもわかる言葉で80年代のストリートシーンのことを教えてくれる。深夜にテレビドラマをつけていたらたまたまＨＵＬＫさんが出てきて、千葉をレペゼンするワードの入ったラップをかましているのを見て画面越しに勇気をもらったこともある。

ＳＯＬＤＩＥＲさんとの出会いも忘れられない。ＬＩＶＥ ＳＡＬＯＯＮ「ＷＡＮＮＡＢＥＳ」で初めてライブを見たときから俺はずっとＳＯＬＤＩＥＲさんのファンだ。千葉の歌い手で一番影響を受けたのはこの人かもしれない。ワードセンスもメッセージもどうしてこんなにかっこいいのだろうかといつも思う。一緒に作った「超越」はその時の自分の葛藤がすべて偽りなく出ている稀有な作品だ。

「超越」はＳＯＬＤＩＥＲさんとＪＢＭさんと3人で作った楽曲で、ＪＢＭさんと大〈オロチ〉蛇のＭＡＲＧＥさんは常に何もない場所に道を切り開いてきた先駆者だ。彼らに「ままごと」

だと思われないラップをできるようになりたくて今日まで頑張ってこれたんだと思う。

ＤＥＬＩさんに会うといつも気合が入る。社会派ラッパーへの転身から２０１４年には松戸市議会議員に当選、さらに２０１８年にも再選され現在も市議会議員として活躍されている。ＤＥＬＩさんを見ていると本来すべての人間に不可能はなく、勝手に限界を決めているのは社会ではなく自分なんだということを思い出させられる。

ＭＩＫＲＩＳさんの「ＴＨＩＮＫ ＡＢＯＵＴ ＹＯＵ」という曲は恐らく一生聴き続けるであろう名曲だ。千葉のシーンの中でもＭＩＫＲＩＳさんのやり方はずっと異質でマッドだ。主催イベント「ＡＷＡＫＥ」に何度か出させてもらった時もＤＯＰＥでおどろおどろしい千葉の工業地帯の景観がそのまま目に浮かぶようなフローに度肝を抜かれたものだ。

ＳＯＵＬ ＳＣＲＥＡＭから受けた影響も大きい。「千葉のラッパー」と言えば一番最初に名前が上がるのはたいていソウスクのＥ.Ｇ.Ｇ.ＭＡＮだ。Ｅ.Ｇ.Ｇ.ＭＡＮさんとは10代の頃からＳＴＡＲＮＩＴＥのイベントでお会いしていたが、恐れ多くてほとんど話しかけることができなかった。ラッパーとして生きていくうえでの姿勢に関して、俺が最終的に目標にしているのはＥ.Ｇ.Ｇ.ＭＡＮさんのスタンスだ。正業を持ってラップを続けることで若手の負担を減らしそのぶんをパーティに還元する。ずっと目指して追いかけ続けてはいるが、まだ背中さえ見えていないのが正直なところだ。

DJ CELORYさんには言わずもがな「ダンジョン」でお世話になったしHAB I SCREAMさんにも仕事上大切なことを教えてもらった。この本のタイトルにもなっている「俺はやる」という曲のトラックは実はもともとHABさんが手がけてくれたものだ。曲自体のテーマに関しても助言をもらった。彼がいなければ「俺はやる」は出来上がっていない。

四街道ネイチャーも千葉のラッパーの話になると必ず名前が上がるグループだ。その謎めいた魅力は今も多くのヘッズを虜にして離さない。世代の違いもあるだろうが日本語ラップ黎明期《れいめいき》の千葉のラッパーたちの曲を聴いていると、どうしようもなくバーベキューがやりたくなる。地元の海や公園で彼らの曲を流しながら酒と肉に酔いしれることを想像するだけで明日も頑張れるような気がする。

活動初期のフリースタイルだけでライブをやっていた頃にずっとバックDJをやってくれていた同郷のDJ SINOKENは、いま千葉loom loungeでオーナーとして頑張っている。彼と全国を回っていた頃のライブの記憶や地元でみんなで潰れるまで飲んで遊んだ思い出が、本当に辛い時、いつも最後のストッパーになった。

bayfmで「暴走ぱんちらいん」という番組をやらせてもらえるようになってから、仕事で地元に帰ることが増えた。小学生の頃からずっと聴いていたラジオ局で収録を終えた後に久しぶりにｌｏｏｍに突然顔を出すと、いつもＳＩＮＯＫＥＮはビックリしながらも無表情で応対してくれる。たぶんジジイになってもあいつはあの感じのままだろうし、俺も変わらないままで突然顔を出して飲んでるんだろう。そうやって俺たちは年を取っていけばいいんだと思う。

第5章

鬼一家との出会い

鬼一家

ラッパー・輪入道を語る上で欠かせないのは、鬼一家との出会いだ。

きっかけは新宿の職安通りで開催されていた「シンドラーズ」というイベントで狐火さんと出会ったこと。年は離れていたが同じ時期に東京での活動を始めた俺と狐火さんはいわば同期だった。彼が渋谷のＲＵＩＤＯ Ｋ２でやっていたイベント「綱渡りスクランブル」に誘ってくれた。その後、原宿に会場が移ってからも、毎回レギュラーでライブをさせてもらっていた。

このイベントは福島出身者たちが主催していた。狐火さんも福島の人。そして鬼一家はイベントの核となる存在だった。

その時、鬼一家はすでに『赤落』というアルバムをリリースしていた。地方の貧困と、それを取り巻く絶望的な環境をラップした『赤落』は日本語ラップシーンに凄まじいインパクトを与えた。また東京以外の〝地元〟もラップのテーマにできると改めて証明した作品でもあった。実際、鬼一家は本当に地元に根ざした活動をしていた。

しかし当時日本語ラップのシーンにアクセスするためには、まず都内に出てこないと始まらなかった部分もある。東京一極集中の空気がストリートに残っている最後の時代だった。だから彼らは福島県民が主体となった「綱渡りスクランブル」を開催していたのだろう。このイベントを通じて、俺は鬼一家と仲良くなった。ちなみにこの時、鬼くんは刑務所に入っていた。

鬼一家の中でも特にお世話になったのは郡山のK.E.Iくんだ。イベントだけじゃなく生活費を稼ぐための仕事も斡旋してもらった。出会い系サイトでサクラのバイトをやることに飽き飽きしていた俺にとっては渡りに船だった。手伝わせてもらったのは斫《はつ》り。ノミを使って建物の外壁やコンクリートを剥がす解体業のひとつ。夜中にとある駅を解体したりもしていた。

さらに須賀川のＢＬＯＭくんにもよく面倒を見てもらった。彼のつながりで、新宿のテキ屋の仕事も手伝うようになった。よく任されたのは焼きそば。毎回、決められた場所に行って、屋台を組んで、焼きそばを売る。終わったら屋台をバラして帰る。

テキ屋の人たちはいわゆる昔ながらの日本人だった。肉体的にも金銭的にも若者を甘やかさない。手際が悪かったり、脳みそが回ってない時は容赦無くどやされる。俺より若い子たちが何人もアルバイトに来ていたが、続かない子の方が多かった。俺は器用なタイプじゃないから、しょっちゅう怒鳴られてたけど、出会い系サイトでサクラをやるよりよっぽど良かった。それにＢＬＯＭくんに紹介してもらってた手前もあったからかなり長い間やっていた。

この頃の俺は鬼一家のライフスタイルの中にいた。相当影響を受けていた。実際鬼一家はカッコよかった。「持たざる者の詞」がこれほど色気のあるものだとは知らなかったし、言葉もスタイルもすべてが新鮮だった。憧れて、鬼一家のようになりたいと思っていた。

だから不良でもないのに、不良ぶった態度をとったこともあった。名前を売りたくて、なんの関わりもない人たちのイベントに突然行って、ウイスキーを呷ってマイクジャックを仕掛け、そのイベントのケツ持ちに詰められたこともあった。ガキだった俺に見えないところでいろいろ取り計らってくれた一家の人間はもちろん、下町の兄貴分にも多大な迷惑をかけてしまった。

当時の俺は本当に何も知らないガキだった。ヒップホップのマナーの前に人間としてのマナーもなかった。自分の好きな人たちに憧れて不良ぶってみたけど、俺はうわべだけしか見てなかった。トライアンドエラーなんてきれいな言葉では表現しきれないくらいダサいことを繰り返していた。そんな俺に夜の世界を生きていくための知恵やコツを教えてくれたのが鬼一家だった。

鬼との同居生活

この時期に鬼くんとも出会っている。

ある日「綱渡りスクランブル」に行くと、鬼一家のライブに知らない人がいた。その頃の俺はどのイベントでも、出演者が誰であろうと、一切身体を揺らさずに前列でかぶりつくようにライブを観るようにしていた。これは当時誰のことも認められなかった俺の精一杯のリスペクト表現だった。「俺はお前の音楽を正面から受け止めている」と。まあ、今考えるとどう見ても喧嘩を売ってるように見える。それが原因で揉めたことも多かった。

その日の鬼一家のライブをいつものように観ていると、その知らない人がステージから凄まじい勢いで俺を威嚇してきた。その人は小柄だけど、これまで経験したことのない迫力とエネルギーを持っていた。人のライブを見ている最中にあれほど本能的な恐怖を感じたことはなかった。

それが鬼くんだった。２００８年に『赤落』が出た当時、鬼は刑務所にいて、「小名浜」は

ＰＶにもなっているけど、あれは２００９年に鬼がソロアルバム『獄窓』を出した際に公開したもので、当時の俺は鬼くんがどういうルックスかを知らなかった。『赤落』を聴いてる限りでは、背が高くてガタイのいい人だと勝手に思っていたので、まさかその人が鬼だとは思わなかったんだ。

ライブ後に鬼一家のメンバーに紹介してもらい、その後、彼が働いていたゴールデン街のお店に飲みに行った。出会いこそ衝撃的ではあったが、膝を突き合わせて話したら鬼くんは理解して受け入れてくれた。こうして鬼一家の主宰するレーベル・赤落プロダクションへの所属が決まり、都内某所にあるワンルームマンションで同居させてもらうことにもなった。

彼らの存在感は凄まじかった。鬼一家が日本語ラップのシーンに登場して、日本人のギャングスタラップが結実した感があった。そもそもヒップホップはアメリカ発祥のカルチャー。しかも黒人たちのライフスタイルのディティールに根付いていた。そのディティールは黒人たちが受けてきた差別の歴史が刷り込まれていた。先人たちはほとんど情報がない中で「日本人がやっても違和感がないヒップホップ」を文字通り暗中模索していた。

最初はＺＩＮＧＩ。次は雷。そして妄走族。彼らは日本のトラディショナルなアウトローたちのディティールを、自分たちの音楽の中に組み込んでいった。さらにＤ．Ｏさんが登場してアイス・キューブのように、自分の身近に起こった嘘のような現実を、ユーモアたっぷりの表現でラップした。同じ頃、MSCは新宿という街をテレビには決して映らない路上の視点から描写した。さらに麻薬売買のディティールを歌うSTICKYさんやBESさんも登場した。

さまざまなアーティストたちが試行錯誤する中、鬼一家は「我道《わがみち》」を進んでいた。鬼くんのヒップホップには、非常に日本的な悲しみの感覚が表現されていた。それが最も端的に表現されているのが「小名浜」だ。部落、駄菓子屋、タンカー埠頭、構成員、ソープ嬢、港の酒場。こうしたトピックはそれまで演歌の領域だった。だが鬼一家は、この日本でしか成立しえない世界観をヒップホップで表現することに成功した。

中学生の時に昭和の残党にハマった俺としては、彼らの作り出すハードコアなのに哀愁が漂う物悲しい日本語ラップは最高に刺激的だった。音楽も仕事もべったりくっ付いていろんなものを見て盗んだ。

俺は彼らに心酔した生活を送っていたが、厳密には鬼一家のメンバーではなかった。俺は鬼一家主宰のレーベル・赤落プロダクションの所属ラッパー。そういう立ち位置だった。彼らは本当に良くしてくれたし、俺自身、憧れていた。だが、同時に大きく人生を遠回りすることにもなった。

俺のアルバム『左回りの時計』に入っている「俺はやる」に「腹にマガジン巻いて東京で生きてた」というラインがあるけど、これは鬼くんと同居してた時の話。とある昼に、鬼くん絡みのとある先輩から電話があって、すし詰めのワンボックスカーに乗って襲撃に行ったことがあった。ケンカが強いやつ近くにいるかと聞かれたのでガタイのいい後輩を連れて行った。車の中で鉄パイプを握っていると『週刊少年マガジン』を渡された。刺されてもいいようにしっかりマガジンを巻いていったのに、その日は話し合いでケリがついて後輩と2人で飯を食って帰ったことを覚えている。

でも鬼くんと鬼一家は俺をある一線から先に入れることはなかった。一緒に飲みに行ったし、たくさん遊んだけど、俺はラッパーのままだった。今思えば、それこそが彼らなりの優しさだった。

俺は赤落プロダクションのメンバーとしてアルバムを作っていた。鬼くんが客演してくれた曲もある。2019年に発表したアルバム『助太刀』に入っている「チンピラ」は、その時に作っていたもののひとつ。アルバムはほぼ完成していたけど、結局世の中に出回ることはなかった。俺が赤落プロダクションを抜けることになったからだ。

×××中毒

当時、鬼くんは日本全国のイベントに引っ張りだこだった。俺はそのほとんどすべてに同行した。そして各地で本職に近い人たちの暮らしを目の当たりにしていた。その過程で、俺はとある筋から脳がシャキッと速くなるものを仕入れて、炙って吸うようになっていた。

きっかけは本当に些細なこと。どの土地だか覚えてないが、誰かが夜の集まりの中でそれを嗜んでいた。その人は俺に「やってみるか?」と言った。その言葉の裏には「お前、やれんのか? ビビってんのか? 怖いんじゃねえのか?」という意味が含まれているとその時の俺は感じた。

当時はどの現場でも俺が一番歳下の場合が多く、それだけで舐められているような気がした。そのため、この頃の俺は挑発に対して異常に敏感だった。また、俺はそれにコントロールされない自信があった。好奇心と負けん気で何食わぬ顔で試した。

それを炙って煙を吸い込むと、周りにいる人たちが消えていく感覚になった。扉が閉まるように、一人ひとりが自分の意識からいなくなる。しかもその場には数人しかいないのに、扉が閉まる感覚はずっと続く。さらに自分の中の曖昧さがすべて正しい方向に軌道修正され、真理に導かれているように思った。「自分の中に一本筋が通った」「俺は最強だ」。そんな気持ちになれるのが快感だった。セックスの時に感じる粘膜の快感とはまるで種類が違う。

心が弱い俺は、この全能感をもたらすものの虜になった。ミイラ取りがミイラになるの典型例だ。情けない。

効果は大して長くない。体に入っている時は、集中力が高まる。そしてなにもかもが絶好調のような気がするので、食事もいらないし、2～3日寝なくても平気な錯覚に陥る。だが人間には、適度な食事と睡眠は欠かせない。そういう構造になっている。だから寝ないとイライラするし、幻覚や幻聴も体験するし、食わないから痩せる。普通の人間とは完全に生活ペースが違うので、徐々に周りから不信感を抱かれる。周囲の態度が変わってきているのは自分でもうっすら感づいてるけど、それが効いてる時は全能感に支配されているから、あまり気にならない。

この頃の俺の行動は支離滅裂だった。例えば、誰かと待ち合わせの約束をしたとする。普通は駅前のようなわかりやすい場所で、集まりやすい時間を指定する。だけどキマっている時は、何の目印もない謎の場所（しかも異常に細かい）で、謎に細かい中途半端な時間に会おうと言ったりする。しかもそれを平気ですっぽかす。何から何までめちゃくちゃだが、薬効が残ってる時は何も疑問を抱かない。

もちろん切れてくると自分の支離滅裂さに気づく。そして自己嫌悪に陥る。この時が一番辛い。そうした、いわゆる〝切れ目〟を1秒でも早く終わらせるために、また手を出す。しかも、これは矛盾してるように聞こえるかもしれないけど、そんな状況でも俺は「使い方をコントロールできている」「×××といい距離感で付き合えてる」と思い込んでいた。

さらに俺は脱法ドラッグにも手を出した。そんな状況で誰かとまともに同居できるはずがない。ちなみに鬼くんは俺が薬に手を出していたことを知らない。

この頃の鬼くんは忙しさのせいでやや情緒不安定になっていた。いろんな人と揉めて、電話で喧嘩をする。中には俺の知り合いもいた。しかも「お前が脅せ」なんて言われることもある。鬼くんは10個以上歳上だし、リスペクトしていたから断れなかった。だけどこのままいったら、ラッパーとして築き上げてきた自分の財産が崩壊するようにも思えた。俺のラッパー人生は、現場でのつながりに支えられていたからだ。

鬼一家とは、「シンドラーズ」で狐火さんと知り合ったからつながった。俺にはケツ持ちもバックもいないし金銭的に支援してくれる誰かもいない。レーベルもない。クルーもない。

常に手探りで活動しながら、現場ではいつも全力で、そこでお互いの実力を認め合った人とつながった。人間関係は俺の財産だった。

そして俺は赤落プロダクションを抜けることにした。呼吸を整えて一人ひとりに電話で事情を伝えたらみんなわかってくれた。

鬼くんと鬼一家には本当に大きな影響を受けた。夜の世界で生きていくうえで大切なことを、たくさん教えてもらった。だけど、俺は彼らのようなスタイルでラップを続けることはできないと思った。覚悟なんてカッコいい言葉で誤魔化せるようなものじゃない。自分が本当に伝えたいことは何だろうか?

快楽に溺れて1人で気持ちよくなって、安っぽいオラオラで周りを困らせてそれらすべてを誤魔化して嘘をつき続ける。

そんなお前のどこがヒップホップなんだと闇の中でもう1人の自分が泣きながら訴えてきた。赤落プロダクションを愛しリアルだと信じていたからこそ、半チクのまままとめるのは嫌だった。

やはり俺の原体験になっているのは、高校三年の文化祭だった。一度手を出してもう後戻りできないとわかっていても、薬物と音楽を一緒にすることは俺にはできなかった。あの日のようなライブをもう一度やりたい。シラフのまたくさんの観客の前で、本当にかっこいいヒップホップをやりたい。そんなことを思うようになった。

般若

２０１０年には「Ｂ－ＢＯＹ ＰＡＲＫ」に出ることができた。「Ｂ－ＢＯＹ ＰＡＲＫ」は１９９０年代後半に日本のＢ－ＢＯＹたちがスタートさせたヒップホップのブロックパーティ。日本のＭＣバトルの起源に関しては諸説あるけど、その存在を全国に広めたのは間違いなくこの「Ｂ－ＢＯＹ ＰＡＲＫ」のＭＣバトルであると言える。ＫＲＥＶＡさん、般若さん、漢さん。錚々《そうそう》たるＭＣがこの舞台で数々の伝説を残してきた。当時は『ｂｌａｓｔ』のようなヒップホップ専門誌はあったものの、出られるのはやはりビッグアーティストばかりで、俺のような名もなき者にとっては夢のまた夢。

当時バトルでプロップスを得られる大会は「ＵＭＢ」だったけど、俺は自分の名前を手っ取り早く全国に広めるために、「Ｂ－ＢＯＹ ＰＡＲＫ ＭＣ ＢＡＴＴＬＥ」や「罵倒」のような、いろんな大会にエントリーしていた。

あの頃はMCバトルが日本でこんなに大きなムーブメントになるとは思ってなかったから、本当に先が見えなかった。バトルをするために大会に出るのではなく、シーンに爪痕を残すためにみんな必死に他のMCとの差別化を図っていた。人のリリックをパクるなんて発想はそもそも生まれてこない。めちゃくちゃヘタクソなやつでもオリジナルを追求している姿勢が見えるラッパーはどんどん認知されて次につながっていった。

俺も名前を売りたくて「B-BOY PARK」の「U20 MC BATTLE」にエントリーした。予選を勝ち抜いてなんとか本戦にたどり着いた。

しかし、準決勝で菊丸（KIKUMARU）に負けてしまった。この日の様子は何かのテレビ番組で特集され、RHYMESTERの宇多丸さんが、俺たち平成生まれのラッパーのフリースタイルを「あいつらおかしいでしょ！ 上手すぎるよ」と褒めていたのを覚えている。

試合後、バックステージでやたらとガタイのいい人に声をかけられた。出演者ではない。運営の人間でもない。だけどすごくフランクに「君いいなあ！」と言ってくれた。負け試合の直後でイラついてた俺は「あんた誰？」と生意気な感じでアンサーしてしまったが、内心すごく嬉しかったので照れ隠しでもあったんだと思う。

実はこの人は、日本語ラップ界隈のいろんな現場に出没する平野さんという重要人物。平野さんは豪胆な人なので、俺の生意気な態度を逆に気に入ってくれた。そこから付き合いが始まって、よくご飯に誘ってくれるようになった。

数年後、平野さんはバイクで事故を起こしてしまう。人づてにそれを聞いた俺はすぐにお見舞いに行った。すると病室には先客がいた。細面だが筋肉質で、表情は柔らかいが、同時にいかつい雰囲気もある。どこかで見たことがある顔だった。それがまさしく般若さんだった。まるで予期しない事態だったので、俺は腹の底からテンパった。

「あれ、輪入道は般若くんと初めまして？　紹介するよ。この人が般若だよ」

平野さんは明るく話してくれたが、俺はまるで状況を把握できていなかった。お見舞いの後、俺は般若さんとタクシーに同乗することになった。密室空間に初対面の2人。後から知ったけど、彼は平野さんが入院してから毎日お見舞いに通っていたそうだ。

どのくらいの時間を一緒に過ごしたかは覚えていないが、とにかく般若さんを尊敬しているとベラベラ伝えた記憶はかすかに残ってる。恐ろしく気持ち悪い勢いだったと思う。きっと向こうも困ってただろうな。俺は家に帰って、自分の振る舞いを思い出しては後悔し、自己嫌悪に陥った。

この時、連絡先を交換したけど、本格的に話すようになったのは「フリースタイルダンジョン」でモンスターになってからだった。俺のような人間がリスナーとして以外でこの人と関わってはいけないという思いがあった。昭和レコードのイベント「乱 THIS TOWN」に呼んでもらったりもしたけど、プライベートで会うような関係ではなかった。

一度リキッドルームにバトルを見にきてくれたこともあったのだけど、俺は般若さんが会場に着く前に負けてしまって、ものすごく謝った記憶がある。「何やってんだよ、お前ー」と平野さんが笑ってくれたのが救いだった。あそこでもし優勝していたらどうなっていたんだろう?

「THA INSIDE」

俺が池袋のクラブ「BED」に入り浸るようになったのもこの時期。「BED」は池袋の西口を出てちょっと歩いた飲み屋街の地下にあったお店。東京近郊でヒップホップに関わる人間だったら一度は行ったことがあるハコだと思う。

俺は2010年ごろにRAIZENくんと出会い、毎月第一水曜日(のちに第一金曜に移動)に開催されていた「THA INSIDE」というイベントに出させてもらっていた。本当に楽しかった。ライブがある時でも、出演者というより客として遊びに行っていた感覚だった。とにかく喧嘩ばっかりのイベントだった。ある日の「THA INSIDE」に高校の友達を呼んだ。そしたら俺の前の出演者が泥酔しまくった状態でライブしていて、持ち時間が終わってもステージを降りない。しばらくは様子を見ていたけど、あまりのグダグダさに痺れを切らして、その人から強引にマイクを奪うことにした。でもベロベロなのでステージから降りずに、ライブ中の俺に絡んでくる。

結局、その人は別の出演者に取り押さえられて、無理やり降ろされていった。昔からよく知っている人だったが、その日は特別酔っていたようだ。

自分の出番が終わって、高校の友達と酒を飲みながら話していると「あの人、ヤバかったね……」と面食らっていた。俺は「まあ、こういうのはよくあることなんだけどね」と苦笑いするしかなかった。

始発が動き出した頃、友達が帰ると言うので、俺は外まで見送ることにした。ステッカーとタギングだらけの狭い階段を上って地上に出ると、なんとさっきの出演者が植木鉢で頭をカチ割られて、血だらけでぶっ倒れていた。酔っ払いすぎて、俺の出番以外でもいろいろやらかしてたようだ。高校の友達は「クラブって怖いね……」と言って帰っていった。

実際「BED」は俺の欲望を満たしてくれるハコだった。ラップで勝ち上がりたいという気持ち、仲間、女、酒。楽しいものはだいたい揃っていた。俺自身、痛い目にあったのは一度や二度じゃないけど、「THA INSIDE」は地元・千葉以上のホームだった。

一番忘れられないのはKUROCODA:iLL（クロコダイル）くんのこと。「渋谷HAZARD」（現在は閉店）で初めてRAIZENくんのライブを観た時に一緒に歌っていた池袋のラッパーで、俺と同じく「THA INSIDE」のレギュラーだった。

「輪入道は特攻服似合いそうだな！」と毎回挨拶するたびに笑いながら言っていたのを覚えてる。俺のライブが終わるといつも声をかけてくれて、熱く優しく感想を話してくれる。そんなクロコくんが大好きだった。

だけどある日の「THA INSIDE」で、挨拶をしても全然目が合わない夜があった。毎回パンパンになるタイプのイベントじゃなかったから、話す機会がないというのはあり得なかった。別に個人的に揉めてることもなかった。

するとイベントが終わる頃、クロコくんは「話がある。ちょっと外行こう」と言ってきた。2人で外に出ると突然「輪入道さ、お前、速いのやってんだろ？」と切り出してきた。さまざまなタイプの中毒者がいるけど、俺がハマっていた薬の愛好家たちの多くは、どこか後ろめたさを感じている。だから基本的に他言しない。

俺は最初嘘をついた。だけどまったく信じてくれない。「やってる」「やってない」という押し問答を続けながら、ヘタクソな嘘で彼の誠意を踏みにじることに限界を感じた俺は「嘘ついてました。やってます」と初めて認めた。すると彼は「そんなのわかってた。でもな、輪入道、あの薬をやり続けるとすべてを失う。本当だ。だから絶対にやるな」という言葉を残して帰っていった。俺は謝罪して「また来月もよろしくお願いします」と頭を下げて見送った。

その後、クロコくんは沖縄で急逝した。東日本大震災の直前、２０１１年2月26日だった。「ＴＨＡ　ＩＮＳＩＤＥ」のクルーみんなで、彼のお葬式に行った。お母さんは「私はあの子がやってた音楽のことはよくわからなかったけど、こんなにたくさんの人が集まってくれたということは、あの子は立派なミュージシャンだったんですね」と話していた。

「ＴＨＡ　ＩＮＳＩＤＥ」で追悼イベントもやった。クロコくんのホーミーもたくさん来てくれて、本当に素敵な夜だった。だけど俺はその後も完全に薬をやめることができなかった。やめたいという意志はあったものの、自分の欲望に負けて環境のせいにしてしまっていた。クロコくんの追悼イベントは宇宙で一番ヒップホップな夜だった。でも俺はそんな自分の弱さがすごくもどかしかったのを覚えている。

クロコくんの姿は、ＲＡＩＺＥＮくんの「アソバセテヨマダ」というＰＶで見ることができる。これが唯一のＰＶ。俺も参加させてもらった。当時の「ＴＨＡ ＩＮＳＩＤＥ」の雰囲気がよく出てるので、興味のある人はチェックしてほしい。

Ｒ－指定

この時期の大きなトピックとして、同世代であるＲ－指定の台頭が挙げられる。彼の名前が一気に広まったのは２０１２年から３年連続で「ＵＭＢ」を優勝した時期。Ｒ－指定とは２００９年ごろに「アドレナリン」の会場で知り合った。俺たちは年齢が近かったこともあり、ｍｉｘｉでもマイミクになっていた。

知っての通り彼はいまやＣｒｅｅｐｙ Ｎｕｔｓとして押しも押されぬスーパースターだ。「ヒップホップ」という言葉を口にしたことがある若い日本人で、ＤＪ松永と彼の存在を知らない者はいない。だから俺はこんな内容の本に彼の名前を出していいのか迷っていた。しかし本人に直接事情を伝えてお願いしたら、快くＯＫしてくれた。

俺はラッパーとしてあいつを尊敬している。彼が登場してフリースタイルＭＣバトルは変わった。Ｒ－指定が出てくるまで、日本のＭＣバトルには絶対的な「基準」になりえるラッパーがいなかった。もちろん２０１０、２０１１年と連続優勝した晋平太さんもすごく強かった。だけど、当時20～21歳そこそこだったＲ－指定の強さは異次元だった。音楽全般に詳しかったが特に日本語ラップの知識に関してはバトルＭＣの中で彼が一番凄いんじゃないかと当時のバトルを見ていつも思っていた、映画やマンガなど別カルチャーの知識量も凄まじかった。しかも彼はそれらが付け焼刃ではなく、体に染み付いていた。

だから言葉一つひとつに重みがある。加えてステレオタイプな物の見方をせず、自分なりの視点を持っていた。こういった要素のうち、いくつかを得意分野にしてるラッパーは多い。だけどＲ－指定はすべてを持っていた。

加えて、あいつにはラッパーとして凄まじい体力があった。相手の言うことを全部聞いたうえで、現場で聞いただけでは１００％理解しきれないほど高度なアンサーをいとも簡単なように返す。例えばお互いに８小節を４本ずつキックする場合、３本目までにそのバトルにおける山場が来ることが多い。仮に最後の４本目まで全て相手に山場を作られていたとしよう、ラスト１本だけでひっくり返すのは至難の業だ。

ここでラッパーとしての体力が重要になってくる。崖っぷちに追いこまれても勝ちに行くことを諦めない強靭なメンタルと、人がパンパンに入った大舞台で全力でラップし続けるための純粋なフィジカル。どれだけ知識が豊富でもスキルが飛びぬけていても、このふたつがないと全国クラスのバトルでは絶対に勝てない。

R－指定は対戦相手が勝手に自滅してしまうほどの高いフィジカルとライムスキルを持ち合わせていた。通常、そこまでの山場をすべて先行の相手に作られた上に最後の一本で強烈なパンチラインを決められたりなんかすると挽回することはほぼ不可能だ。

だがそんな不利な状況でも彼は決して諦めずに淡々とした攻撃の中にいきなり8文字くらいの長い韻を落としたりして戦況をひっくり返す。延長にでもなろうものなら恐るべきスタミナで先行のバースを組み立て、相手の主張を握りつぶして筋の通ったアンサーをする。そういうギリギリの状況でこそ彼の思想の奥深さと勝利への渇望が際立つ。一体どれだけフリースタイルをしてきたんだろう。同業者の俺でも見当さえつかない。

R－指定という絶対王者が登場したことで、フリースタイルMCバトルに基準ができた。まずは実力。実はR－指定以前のバトルでは、プロップスで勝ち上がってる人もいた。特に地方のシーンでは、いくら実力があっても無名の新人は勝てない難しさがあった。その「一見様お断り」的な排他的体質がシーンの魅力であると同時に、限界でもあった。

だがＲ－指定はおそらく２０１２年の段階で、ヒップホップを知らない人が見ても「これはすごい」と認めざるを得ない実力を発揮していた。そして当時最も大きな大会だった「ＵＭＢ」で３連覇したことで、シーンの限界も突破し、結果的に現在につながるバトルの礎を築いたんだ。

先人たちがアンダーグラウンドで切り拓いてきたＭＣバトルのハードにＲ－指定という究極のソフトがハマることで、従来の概念にとらわれないニュータイプのラッパーが次々に生まれた。そして「ＢＡＺＯＯＫＡ!!!　高校生ＲＡＰ選手権」や「フリースタイルダンジョン」を経て、現在に至る大きなうねりを作ることになる。

ファーストアルバム

２０１２年の９月にライブで初めて沖縄に行った。池袋「ＢＥＤ」で知り合ったＳＬＩＣＫ〝８〟ＲＯＣというラッパーの地元・宜野湾《ぎのわん》市で行われたイベントだった。同い年で初対面の時から気が合ったＳＬＩＣＫ〝８〟ＲＯＣとは週末も平日もよく遊んでいて、俺が「ＢＥＤ」の近くのコンビニのガラス扉に突っ込んで血まみれになっていたら「お前は捕まったらダメだ！」と泣きながら体に刺さったガラスを抜いてくれるような優しい男だった。

俺が知っている沖縄の人にダサい人は1人もいない。それはプレイヤーに限った話ではなく、強い弱いや良い悪いといった表層的な話でもない。のちに「徳之島」を書いた時もそうだったが、南に飛んで東に帰ってくると必ずといっていいほど何かを作り出したい欲求が生まれてくる。

その時期、俺はフリースタイルでしかライブをしていなかった。リリックを書くことはあってもそれを自分のステージで歌うことはなかったし、ましてアルバムを出すなんて正直考えてもいなかった。だから赤落プロダクション時代に作っていた幻のファーストアルバムも、最初はすべてフリースタイルで作ろうと目論んだ。書かずに録ることこそ自分のスタイルだと信じていた。

自信満々でコンデンサーマイクに向かうと状況は一変した。まったく芯を突く言葉が出てこないのだ。最初は戸惑った。ライブやバトルではポンポン言葉が生まれてくるのに、ブースの中ではそれが起こらない。何をラップすればいいのか見当もつかなかった。

そこで気づかされたのは、俺は今まで環境が整った場所でしかラップしてこなかったということだった。集客がどれだけ少なかろうが、俺が当時出演していたクラブイベントはどれも出演者が自分たちのやり方で自分たちのアートを作っている空気が充満していた。そこでは言いたいことが次から次へと溢れ出してくる。

バトルになったらもっと簡単だった。目の前に血走った眼でガンガンラップをぶつけてくるやつがいるんだから、向き合うだけで感覚は自然と研ぎ澄まされる。無機質なブースの中では簡単で単純なラップはいくらでもできたが、それを聴き直してもまったく自分自身が喰らわなかった。認めたくはなかったがその時、いかに自分の音楽に対する向き合い方が底の浅いものであったかを痛感せざるを得なかった。

赤落を抜けて沖縄に飛んだ時、彼らの時間感覚を理解していなかった俺は当日になってもタイムテーブルができていないことに文句を言った。いざイベントが始まってみて驚いた。タイムテーブルがなくてもお客さんはたくさん集まってきたし、そこへの違和感など微塵も感じさせないほどパーティは盛り上がっていた。「郷に入っては郷に従え」という言葉の通りだった。

その日は宿に戻ってもなかなか眠れなかった。目を閉じたまま長い時間をまんじりともせずに過ごしていると携帯が鳴った。相手はボスのダイゴさんだった。「おお、起きたか？　遊ぼうぜ！」。それから俺は連日、宜野湾のいろいろな場所や人をダイゴさんやＳＬＩＣＫ〝８〟ＲＯＣたちにほとんど付きっきりで案内してもらった。

他のゲストたちが東京に帰る日になってもわざわざ飛行機のチケットを取り直してくれて、延泊に次ぐ延泊で初めての沖縄をこれ以上ないほどに満喫させてもらった。ただ目を見て言葉を聞いているだけで涙が溢れてくる。恥ずかしさも酔いもとっくに覚めていた。そんな旅の最終日にダイゴさんは言った。

「次はリリースパーティで宜野湾に呼びたいから、アルバムを作ってみたらどうだ？」

俺のファーストアルバム『片割れ』はこうして制作されることになった。ミックスやマスタリングのことがわからなかったので般若さんに相談して、流通のさせ方がわからなかったのでウルトラ・ヴァイヴへ直談判に行った。

レコーディングは千葉のセレブロさんのホームスタジオに通い詰める形で行われ、ジャケット写真やデザインも何もかも手探りだったが、その時の自分には十分納得のいく作品が仕上がった。

ラッパーにとってファーストアルバムは大きな意味を持つ。世に出すアルバムの最初の足掛かりを宜野湾で掴んで帰ってこられたことは、今でも俺の誇りだ。

第6章

突発性難聴

「長渕炎陣」

俺自身は不安定だったが、音楽活動は徐々に軌道に乗り始めていた。『片割れ』は日本語ラップシーンで評価され、全国のイベントに呼んでもらえるようになった。

かつては俺に対してネガティブだった地元でも、『片割れ』のリリースパーティを開くことができたし、「THA INSIDE」でも発売したばかりのアルバムをみんなたくさん買ってくれた。凱旋したような気持ちで誇らしかった。さらにバトルでも勝ちまくっていた。2014年は「MC BATTLE THE 罵倒」「B-BOY PARK MC BATTLE」などなどメジャーな大会で優勝し、知名度も高まった。

日本でもカッコいいヒップホップができると信じるやつらは各地にいて、そいつらは本場アメリカとは違う、日本人の日本人による日本人のためのヒップホップゲームである「フリースタイルMCバトル」に熱狂した。「やっぱり日本でヒップホップは無理」としたり顔で言ったやつらへの悔しさを、MCたちの激しい舌戦に投影した。観客は刺激的でアツいMCに声をあげた。そういう舞台設定があったから、俺の感情的なラップスタイルは歓迎された。

世の中的にも「フリースタイルMCバトル」への注目は高まっていた。「高校生RAP選手権」「フリースタイルダンジョン」前夜の状況だ。俺自身も2010年に「流派-R」（テレビ東京）に取り上げてもらって以来、久しぶりにテレビ番組から取材された。CSの「テリー伊藤のTOKYO潜入捜査」（MONDO TV）という番組に、ACEたちと一緒に出た。さらに「ブチまけろ！　炎の魂―長渕炎陣―」（BSフジ）という番組のオーディションにも参加した。オーディションは剛さん本人が直々に面接する形式で、緊張で口の中がカラカラだった。

すごく覚えているのは、剛さんから「お前は自分を潰そうとしてくるやつに暴力以外でどうやって対処する？」と質問されたこと。でも俺はうまく答えられなかった。「こりゃ落ちたな」と思ったけど、結果は合格だった。俺はテレビ番組のレギュラー出演者になった。「長渕炎陣」は簡単に言うと長渕剛さんが主催する討論番組。俳優やミュージシャンの卵、チャラ男のフリーター、自称モデルのギャル、ホスト、塾講師などなど、さまざまな若者がそれぞれの視点からひとつのテーマを掘り下げる。

俺はラッパー代表。番組を通じてヒップホップを世の中にプレゼンしていく立場だった……んだけど、実際の収録ではまったく思ったように話せなかった。剛さんが度々話を振ってくれるにも関わらず、誠実であろうと意識するあまり、討論の内容もろくに頭に入ってこない。とにかく最初の収録を終えて、深く落胆したのを覚えている。

そして問題は次の収録だった。剛さんが提案したトークテーマは「愛は金で買えるのか？」というもの。７人と同時に付き合ってるギャルは、自分に貢いでくれる金額で愛を測ると答えた。その考え方はあまり好きになれなかった。

剛さんはホストに同じ質問をした。すると彼は「ホストはあくまで仕事なので、自身の恋愛観と比較することはできない」と答えた。ホストの立場になれば、これはしごく真っ当な答えだ。さらにホストという特殊な職業のかなりセンシティブな部分についても、彼は正直に答えていた。だけど、俺はそのホストに絡み倒した。まず話し方に難癖をつけた。そしてホストは女を騙して金を稼ぐ汚い仕事だと断じた。

この回が放送されると、俺はネット上でめちゃくちゃ叩かれてしまった。大炎上。ブログには殺害予告まで届いた。俺は俺なりの正論を言ってるつもりだったけど、実際に番組を観ると支離滅裂なチンピラがホストにいちゃもんをつけてるようにしか見えなかった。この時、初めて自分を客観視させられた。「俺、世の中からこんなふうに見えてるんだ」と。この頃の俺は日本語ラップのシーンで評価を高めていた。だけどクラブやライブハウスから一歩足を踏み出すと、世界はもっともっと広くて、俺はちっぽけな存在だった。

なぜホストに絡んだのか。１回目の収録で自分が番組にまったく爪痕を残せてないという焦りもあったが、それ以上に俺自身の私生活のほつれが大きく関係していた。

「長渕炎陣」に出演していた２０１５年、俺は１人の女性と同棲していた。

出会ったのは２０１２年。イベントの打ち上げで話したのが切っ掛けだった。最初の２年間は遠距離恋愛をしていたが、２０１４年に彼女が上京して一緒に暮らすようになる。俺は彼女を本気で愛していた。相手の両親にも会って、結婚を前提に付き合っていた。

だけど俺たちは本当によく喧嘩をした。彼女はとにかく勇ましい性格の持ち主だったし、俺も異常な負けず嫌い。東京で一緒に暮らすようになると、喧嘩の頻度と激しさは増していった。割と初期の段階で警察を呼ばれたこともあった。泥酔して彼女をぶん殴ったこともある。つまり最初から俺らの同棲は破綻していた。そんな中での「長渕炎陣」だった。うまくいかないもどかしさをホストにぶつけてしまった。俺に愛を語る資格なんかない。

10万人ライブ

そもそも「長渕炎陣」という番組は、剛さんが２０１５年８月22日に富士山の麓にあるキャンプ場ふもとっぱらを貸し切り、10万人の観客を集めてオールナイトライブをする「100,000 Fuji All Night Live 2015」に向けて、2015年1月から3月まで12回放送されたものだった。ちなみに最終回には般若さんも出演している。

確か、2月か3月くらいだったと思う。ある夜、剛さんから電話がかかってきた。

「おう、輪入道、調子はどうだ」

「はい、いい感じです」

「お前、8月22日って空いてるか？」

「はい、もちろんです」

「おう、じゃあ10万人ライブに来いよ」

「え、マジですか。ぜひ行かせてください」

「でもさ、お前もミュージシャンなわけだし、せっかく来るんだったらステージで一緒に何かやろうぜ」

……えっ？

剛さんのその言葉を聞いたあたりからあまり記憶がない。俺は最初、観客として誘われているのかと思っていた。だけど剛さんは出演者として誘ってくれた。ものすごく嬉しかった。

だけど電話を切った瞬間に我に返った。10万人の長渕ファンの前で俺は何をラップすればいいんだろうか……。

その頃、俺がライブしてた会場の収容人数は300～500程度。MCバトルの大きな大会ですら2000人くらい。規模が大きすぎてまるで想像できなかった。正直楽しみな気持ちよりもプレッシャーの方が勝っていた。

ライブに向けて、剛さんと曲を作ることになった。呼ばれたのは都内の巨大なリハーサルスタジオ。ミュージシャンがたくさんいて、慌ただしく動き回っているスタッフの数もとにかく多い。しかも曲作りの段階から映像スタッフがカメラを回していた。「長渕炎陣」のスタッフもいたし、民放テレビ局のカメラも何台か入っていた。すべてが初めての経験だった。というか、それ以降もあんな環境で制作したことはない。

俺が剛さんと歌うことになったのは「家族」のリミックスバージョン。俺、般若さん、「長渕炎陣」に一緒に出演していた女性シンガー・Maicoとともに剛さんのステージに立つことになった。

何度目かのリハーサルを終えたあるとき、ふと俺は左だけ耳鳴りが止まないことに気がついた。ライブで爆音を聞いた後、耳に残る「キーン」「シャー」という音。あれが延々と鳴っている。でも耳鳴りなんてこれまで何度もあった。寝ればよくなるだろうとその日は早めに布団に入ってしっかり睡眠をとったものの翌朝になっても耳鳴りは止まない。放っておけばそのうち治ると思っていた。けど、2日、3日……、1週間経っても治らない。同棲していた彼女の強い勧めもあり、近所の耳鼻科に行くと突発性難聴と診断され、すぐに大きな大学病院への紹介状を書いてくれた。

俺は近所の耳鼻科を出ると、その足で紹介された大学病院に向かった。突発性難聴の治療では、ものすごく有名な病院らしい。突発性難聴はその名の通り、ある日突然、耳が聞こえにくくなる病気。耳の奥で音を感じて脳に伝える細胞がなんらかの理由で傷ついたり、壊れたりすることで発症する。一説にはストレスや自律神経の乱れが原因とも言われているけど、正確なことはいまだ解明されていない。

現代医療では血流障害が内耳にダメージを与えると考えられているので、俺は内耳の血流を活発化させるために点滴を打ちながら炭酸ガスを吸入するという治療を受けることになった。先生は、「入院の必要はないがこれから1ヶ月、毎日通院してほしい」と言った。ちなみに、この段階の俺はかなり楽観的だった。大きい病院だし、毎日通って治療を受ければ治ると思っていた。

通院期間中も10万人ライブに向けたリハーサルは断続的に続けられていた。この時のリハーサルで初めてバンドとのセッションを経験したんだけど、生音の音圧の強さに驚かされた。クラブやライブハウスで何度も爆音を聴いてきたつもりだったけど、ターンテーブルから出る音とは比べ物にならない。

突発性難聴を発症してからのリハーサルはかなり辛かった。近くでデカい音が鳴ると、耳鳴りがひどくなった。まるで楽器とアンプが反響しあってハウリングを起こすような事態が左耳で起こった。医者には音楽が仕事であると伝えていたので、耳栓などをして内耳への刺激をできるだけ和らげるようにと言われていた。だが当然そういうわけにもいかない。あまりに辛い時は手で左耳を押さえたりもしていた。憧れの人に誘ってもらった一世一代の大舞台なのに……。タイミングの悪さを心から呪った。

般若さんは俺の様子がおかしいことに気づいていた。事情を話すと本当に心配してくれて、いつも電話で耳の状態を気にしてくれていた。この突発性難聴という病気は早期治療が非常に重要なのだ。異変を感じて、すぐに耳鼻科に行けば必ず完治する。だけど病院に行くのが遅ければ遅いほど、回復の可能性は低くなる。

発症から１週間後に病院に行くのは、あまりにも遅すぎた。先生からはかなり早い段階で、完治は難しいと言われていた。実際1ヶ月通院したけど、完全には治らなかった。左耳の聴力は70%近く低下した。その日の体調やメンタルの状態にもよるけど、静かな場所で会話する程度なら「聞こえづらい」という程度。だけど人が多い雑踏みたいな場所に行くと、耳鳴りと異音で左耳はほぼ何も聴こえない。だから今でもライブでは左耳が聴こえない。

ラッパーとして生きていく上で、片耳が聴こえないのは致命的だと思った。どうすればいいのかわからなくて途方に暮れた。そんな時、たまたま岡山へライブで行く機会があった。そのイベントの楽屋で久しぶりに会った紅桜さんがこんなことを言ってくれた。

「片方聴こえてるならええやろ。(バトルで)ムカつくやつがいたら、右耳を突き出してしっかり聴けばええだろ」

この一言で吹っ切れた。確かに片耳が聞こえなくなるのは辛かった。それに10万人ライブは耳に良くない条件が揃いに揃っていた。気圧が違う高所、緊張によるストレス、そして凄まじい音圧の大爆音。もしかしたら完全に左耳がダメになってしまうかもしれない。そんな恐怖もあった。

だけど俺は誘ってもらった恩に報いたかったし、何より純粋に10万人ライブに出たかった。だから耳のことは剛さんに話していない。あの人にはこのライブのために考えること、やることが本当に山のようにあった。だから俺ごときが邪魔するようなことはしたくなかった。それに耳のことを打ち明けたら、剛さんはミュージシャンの将来を見据えて、絶対に止めてくれたと思う。あの人はそういう優しさを持っている。俺は医者にも10万人ライブのことは言わなかった。

出演者は2日前から会場に入っていた。ふもとっぱらの標高は830メートル。真夏でも涼しい。俺は般若さんや他のスタッフと一緒に車で現地に向かった。向かう途中、1回耳がぽこっと抜ける感覚があった。そして左耳から音が聴こえる。俺は奇跡が起きたと思った。だけど会場に近づくにつれて、徐々に耳鳴りと異音が聴こえ始め、しかもそれはこれまで経験したことがないレベルに膨張していく予感があった。

実を言うと、当日のことはあまり覚えていない。ただでさえ頭がおかしくなるほど緊張する状況に加えて突発性難聴の悪化。もういっぱいいっぱいだった。断片的な記憶といえば、楽屋からなんとなく観ていたリハーサルの様子。剛さんの息子でシンガーソングライターのWATARUさんがマイクチェックをしていたんだけど、それが剛さんにあまりに似ていて、一緒にいた般若さんとびっくりしたことをよく覚えている。

あとはステージの袖から見た、10万人が徐々に会場を埋め尽くしていく様子も圧巻だった。

このライブで剛さんはヘリコプターに乗って登場したんだけど、その風圧の強さに驚いたことも覚えている。

ライブが始まるとこれまで経験したことがない熱狂を目の当たりにした。正直「なんじゃこりゃ」と圧倒された。観客が地平線のように延々と続いている。そのあまりに現実離れした光景に、俺はなぜか自分の血脈について思いを巡らせていた。こんな景色を見た経験があるのは一族の中でおそらく俺しかいないだろう、と。

俺の出番は第二部の前半。たしか日付が変わるちょっと前だった。ちなみに、俺はこの日、生まれて初めてイヤーモニターを経験した。イヤーモニターは密閉性の高いイヤホン型のモニター。こういうフェスみたいな大きな会場だと歓声が大きすぎて自分の声すら聴き取れない状況になる。ステージ上にモニターを設置してもかき消されてしまうので、イヤホンでダイレクトに歌や演奏を確認する。

イヤモニを装着すると俺の世界から自然音が消えた。剛さんの歌とバンド演奏だけが鳴ってる。10万人の最後尾にまで届かせる音圧の爆音も、観客たちの熱狂も、何も聴こえなかった。でも目の前では観たこともない数の人間がこっちを向いている。本当に奇妙な光景だった。

俺のパートは8小節と掛け合い。ステージに出て行く時、WATARUさんが「大丈夫だよ、みんな味方だから！」と力強く背中を押してくれた。長い長いライブのほんの数分ではあったけど、必死でラップした。とにかくリズムがズレないことだけを意識した。けど、すぐに自分がいつも通りではないことがわかった。極度の緊張で呼吸が浅くなっていたし足はがくがく震えていた。

締めのワードは「靖国の桜」。俺は極限の精神状態の中でなんとかそこまで辿り着くことができた。でも「やすくにのさ……」までラップすると、突然視界から観客が消えた。そして聴こえないはずの耳に凄まじいどよめきが届く。気づくと、俺は後ろにひっくり返っていた。テンションが上がりすぎてぶっ倒れていたのだ。瞬間的に意識を失っていたような気もする。曲の最後に掛け合いが残っていたのですぐに起き上がった。もちろん演奏は続いていた。どうにか最後までパフォーマンスをすることができた。ステージを降りると、スタッフの人たちはみんなあたたかく迎えてくれた。ほっと胸を撫で下ろすと緊張の糸がほどけて、そこからようやく記憶が鮮明に残っている。

こんな調子でライブは朝まで続いた。明け方、少しずつ明るくなり始めた頃、剛さんが「ＬＩＣＥＮＳＥ」を歌った。俺が一番好きな曲だ。このあたりで涙腺は崩壊していた。そして日の出。剛さんも観客もみんな雄叫びをあげていた。あんな劇的な日の出は後にも先にもこの日しか見たことがない。

最後、スタッフみんなで日の丸の国旗に寄せ書きをした。俺は「生まれてこれてよかったです」と書いた。こんな経験をさせてくれた剛さんに対して感謝しかなかった。剛さんは本当に優しい。以前俺の誕生日に留守電を残してくれたことがあった。でも留守電はいずれ消えてしまう。その時、たまたまレコーディング中だったので、エンジニアさんにお願いして、携帯をマイクにかざして剛さんのメッセージをデータにしてもらったこともある。

射精後の虚脱感

10万人ライブを終えた時の到達感は凄まじいものだった。そもそもいじめられっ子だった俺が、高校の文化祭を経て、10万人の前に立ったのだ。射精後のような虚無が俺を襲った。この年の後半は抜け殻だった。

そして音楽を止めようかと思った。「俺にしては上出来だ。ここまで来たらもういいんじゃないか」と。こんなことを考えるようになったのは、数年前に起きた家庭内の事件が関係している。母に「ラップから足を洗え」とはっきり言われたことがあったのだ。

当時の俺の音楽での収入はとてもそれで飯を食っていけるようなレベルではなかった。子供のことを大切に思わない親はいない。当時の母の職場にいた昔音楽関係の仕事をしていたというおじさんと半ば無理やりに電話させられたこともあった。どんな説教を受けるのかと身構えていたけれど、向こうも何と言っていいのかわからず困惑しているのが伝わってきてとりあえず「音楽で食っていくってやっぱ大変スか?」とか質問したことを覚えている。

10万人ライブ後の虚脱感に加えて、耳の問題もあった。言われた当初は何とも思っていなかった母の言葉が数年越しに熱を帯びてきて心の奥の方でうずいていた。だけど、ラップをやめて俺は何をすればいいのか。何もなかった。新しいことを始める勇気はなかった。じゃあどうすればいいのか。「片耳のラッパーなんて……」という思いもあった。自分が置かれた状況に対して途方に暮れていた。

そんな時会いたくなかった人に再会してしまった。その人は俺がかつて薬に手を出していた時期のことをよく知っていた。

「輪入道、売れてよかったね!」

頻繁に遊びの誘いの連絡が来るようになった。直感的にまずいと感じてかわしてはいたものの、薬を使った時の快楽がフラッシュバックしてくるのを無視することはできなかった。

涎が出そうなほどに強い欲求に潰されそうになる、一度だけなら……という言葉が何度も脳裏をよぎった。

10万人ライブに向けて突っ走っていた頃は薬に手を出す隙間など人生になかった。仕事が忙しくなってきた時期に能率が上がると勧められて薬を手を出してしまった話を裁判の傍聴記録で時々見るが、そもそも好奇心と負けん気で試してハマってしまった俺の場合はそういうことはなかった。

大きな山を越えてスケジュールに余裕が出てきたとき、初めて薬に足を引っ張られている実感が湧いた。その人からの誘惑に勝てなかったのではなく、自分自身のだらしなさがすべての元凶だったのだと手遅れになってからようやく気が付いた。

薬を我慢していることによる反動で、俺は異常なペースで毎晩酒を飲むようになった。なにせ再会したその人に一本連絡すれば、すぐに売人を紹介してもらえるし手に入ってしまう環境なのだ。

ベロベロに酔っぱらって家に帰ることが増え、彼女との喧嘩のペースはそれまでとは比にならないほど多くなった。怒鳴り声も激しくなり、バトルの内容もエスカレートした。あまりに喧嘩ばかりしているので、近所の人が家まで来て扉越しに怒鳴られた。「女泣かせるなんて男じゃねえぞ！」。クダを巻きちらして物を壊した時に実際に警察が部屋に来たこともあった。通報されることが多かったので俺自体が警察にマークされていた。

路上で酒が入った状態で口論になり、頭に血が上って彼女の肋骨にヒビを入れてしまったこともあった。しかも俺は飲みすぎていたせいでそのことを覚えてない。病院に行った彼女からは「わたしが警察に行ったら、あんた確実に捕まるよ」というＬＩＮＥが来た。命をおびやかされた相手にそこまではっきり言ってくれたのは最後の優しさだったのに、俺はまだ自分の言い分を正当化することで頭がいっぱいだった。

このままいくと捕まる。それは誰が見ても明らかだった。「誰かアンタのことぶっ飛ばしてくれないかな？」という彼女の言葉を聞いて冷静になって現実を直視させられる。

男のメンヘラは一番たちが悪い。力ばかり無駄に強いのに頭が絶望的に悪い。前後不覚になっているときに彼女の呆れきった眼を見ていると、自分が拒絶されたように感じて寂しくなる。本当は甘えたいのにそれを口に出すことができず、さらに大酒を飲み喧嘩になり暴力を振るってしまう。地獄のループだった。

あの薬は人間を社会から隔絶させ孤立させる。他のドラッグと比べてうしろめたさがある。だから友達に「昨日何してたの？」と聞かれると、適当な嘘をつく。最初は小さな嘘でも、積み重ねることでいつのまにか自分自身が嘘の塊になってしまう。俺自身、これまで公の場で打ち明けたことは一度もない。これを続けているうちに、自分が自分をまったく信用できなくなる。どれだけ上手に偽って誤魔化したつもりでも、やったことはいずれ必ず自分に返ってくる。一度手を出してしまったら、「やりたい」という気持ちは一生ついて回ることになる。

俗に「虫が湧く」と言われる強烈な渇望が昼夜問わず湧きあがってくる。抑えるのに必死だった。ここで負けてしまったら今度こそおしまいだ。俺は運命ってやつから目に見えない「最終警告」を受けていたんだと思う。あの時誘惑に負けて警告を無視していたら、この本を書くことはなかった。

第7章

復帰

昼間の仕事

逮捕はありえないシナリオだった。ふもとっぱらでの10万人ライブを終えたあとに、彼女へのDVで捕まるなんて最低すぎる。

「輪入道、あの薬をやり続けるとすべてを失う。本当だ。だから絶対にやるな」

ここにきて2011年に亡くなったKUROCODA・iLLくんが俺に残してくれた最後の言葉が大きな意味を持ち始めていた。

このままいくと俺は本当にすべてを失う。彼女も、友達も、仲間も、そして音楽も。俺は自分を変えなくてはいけないと焦った。

だがどうすればいいのか。中毒者は中毒者を呼ぶ。なら少しでも離れる努力をしてみようと思った。そして当時手伝っていた仕事を辞めた。その仕事は時間の融通が利くから続けていた部分があった。だが一方で、生活は不規則になっていく。追い込まれたこの時の俺には「月～金曜／9～17時まで働く」という一般社会の常識的なサイクルが必要だった。

混沌とした地獄の中でふと1人になった時に、いつも社会の役に立つことがしたいと考えていた。そこで見つけたのが労働問題を扱う専門書の編集補助というバイト。毎日さまざまな新聞や送られてくる雑誌を読んで、労働問題に関する記事を切り抜いてファイリングする。さらに毎日さまざまな書類が送られてくるので、それら全てを整理する。またネットで裁判の判例を調べることも多かった。

業務内容はわくわくするものではなかった。最初は指示された言葉の意味がわからなかった。だけどそのひとつひとつの作業を続けることが、薬を遠ざけることにつながると信じた。単調な作業の繰り返しではあるので、ちょっと油断するとすぐ脳みそが薬を求め始めた。本来であれば労働に関する裁判の判例を調べなきゃいけないのに、いつのまにか薬物事件の判例を読んでいたこともあった。そこには自分のような人間がどういう状況に陥って、どんなふうに捕まったのかが克明に記録されていた。しかもありとあらゆるシチュエーションのものが何十年分も。仕事の合間にこっそりコピーを取って家に持ち帰り、やりたくなってきたらその判例を読み直して欲求を殺した。

お金のためというよりも薬を断つために仕事をしていた。決まった時間に起きて、決まった時間まで働き、決まった時間に帰る。規則正しい生活を送るのは、高校2年以来だった。

一度でもやりたいと思うと、「今日仕事が終わったら絶対に薬を買いに行く」と固い決意が生まれてしまう。薬に関係する人間の連絡先はすでに携帯から消去してあった。だけど、現実的にはツイッターやフェイスブックといったＳＮＳでつながりを辿ることはできる。仕事をしてる最中は薬への欲求が高まっているんだけど、実際に17時に仕事を終えて、世の中の人と同じように電車に揺られ、駅から歩いて家に帰っていると、「いや違う。俺はそっちに戻っちゃいけないんだ」と思えた。

当時、彼女も日勤の仕事で一生懸命働いていた。相変わらず喧嘩はしていたけど、昼の仕事を始める前と比べたら、だいぶ改善されたと思う。彼女が作ってくれるご飯を食べて、お腹いっぱいになると、翌朝きちんと起きるために早く寝るようになった。人間的な暮らしを継続させることで、気持ちが薬に向かわない環境を作った。

初めての「フリースタイルダンジョン」

この職場には本当にいい人しかいなかった。自分と正反対の真人間ばかりでみんな優しい。髪型も服装もよほど奇抜でなければ何も言われなかった。俺の独特の髪型を見ても「昨日切ったでしょ？」と気さくに声をかけてくれる。しかも社内は静かで耳を休めるという意味でも良かった。過去を隠し通して仕事をすることに罪悪感がなかったわけじゃない。それでもようやく手に入れた穏やかな生活環境を失いたくはなかった。

音楽活動に対しても寛容で、「ライブの翌日は、事前に言ってくれれば休んでもいいからね」と言ってくれた。パワハラなどダーティーな労働問題を世に問うていく仕事だからか、社風はものすごくクリーンで、社員もみな明るい。そして適度な距離感を保ってくれる。たまに仕事終わりに一緒に飲みに行くこともあった。社会から疎外されていると感じていた俺にとって、ありのままを受け入れてくれたこの人間関係は壊したくなかった。だから頑張れた。

ちなみに俺が「フリースタイルダンジョン」にチャレンジャーとして出演したのがこの時期。「ダンジョン」に関しては、実は番組を立ち上げる段階から人づてに出演オファーをもらっていた。でもその年はMCバトルに出ないと決めていたので断っていた。

最初に企画を聞いた時、「MCバトルを地上波で放送するなんてすごいな」と思ったけど、正直長続きしないだろうとたかをくくっていた。だけど実際番組が始まってみると、現場を知ってる周りの人たちも「ダンジョン」の話をするようになった。そして驚いたのは焚巻《たくまき》が出た時だ。

俺と焚巻の関係は古い。焚巻とは同世代で、お互い10代から活動していた。当時、いろんな現場で「お前と同年代なら焚巻ってやつがすごい」と散々言われ続けていた。だからライバルとして意識せざるを得ない状況だった。

初めて会ったのは「ＢＥＤ」。実は焚巻も同じようなことをいろいろな現場で言われていたらしい。初対面の時はお互いものすごく構えていた。でも２人とも「ＴＨＡ ＩＮＳＩＤＥ」の常連だったので、気づいたら毎回明け方の「ＢＥＤ」で延々と２人でフリースタイルをするような仲になっていた。

前評判だけではなく実際に焚巻は当時からとんでもなかった。どんなトピックを扱っても不自然にならないフロウとなめらかなライミング、ワードセンスのすべてがしっかりハマっていて嫉妬するほどラップが上手い。

鬼くんのところにいた頃、一緒に焚巻のライブを観たことがある。後日、鬼くんとそのライブの感想を話していたら「お前が他人のラップを褒めるところを初めて見た」と言われたことをよく覚えている。焚巻は同世代のライバルでマイメン。年は同じなのに弟のようなところも兄貴のようなところもある、切磋琢磨していく中でどんどん魅力が膨らんでいくような男だった。

そんな焚巻が「ダンジョン」に出て、俺が尊敬する般若さんのところまでたどり着いてしまったのだ。バトルの内容も素晴らしかった。焚巻のまっすぐな人間性も、ラップへの熱い思いも、バトルの中でしっかりと表現されていた。「ダンジョン」がテレビ番組として大きくなるきっかけは何個かあったと思うけど、焚巻は間違いなく最初のターニングポイントを作った。

二度目のオファーをもらったのは2015年の終わり頃か2016年の頭くらい。当時の俺に断る理由はなかったけど、頭のどこかに焚巻の活躍があったことは否定できない。ちなみに「ダンジョン」に出演した時はすでに左耳が聴こえない。おそらく番組を観た人は俺が片耳のラッパーだと思わなかったはず。実はあの感じに至るまでには試行錯誤があった。

10万人ライブの後、母とのいざこざがあって俺は自分の耳の具合と相談しながら少しずつラップを再開した。根本的な活動スタイルは以前と変わらないけど、バンドとのセッションは避けるようになった。特に生ドラムの音圧がキツい。DJプレイではなくバンドが演奏するMCバトルのオファーは丁重に断った。耳栓をしてライブやバトルをしたこともあった。だけど雰囲気や流れをつかみたいから、会場の音はできるだけ聴きたかった。あと耳栓をしていると完全に左がシャットアウトされているので、フロアで話しかけてこようとする周りの人にいちいち右側に回り込んでもらわなくてはならない。それが雑念になって試合前に意識を集中させることができない。そんなことで途切れる集中力などそこまでだと思うかもしれないが、元々決してメンタルが強いわけではない俺にとって試合前のコンディションを整えることは不可欠な要素だった。

難聴になった最初の頃は、バトル中に相手の言葉が聴き取れないことが何度もあった。だから聴こえるほうの耳を相手に向けざるを得ないんだけど、正面を向いている相手に片方の耳だけ突き出すのは気が引けたし最初はそんなことをするのが嫌だった。俺は相手のラップを正面から目を見て受け止めたかったし、観客から総合的に見られていることを意識すると相手のバースを聞いている最中ずっと横を向いているのはマイナスでしかない。

この頃から紅桜さんが言ってくれた「片方聴こえてるならええじゃろ」という言葉が大きな意味を持つようになっていた。俺は片耳が聴こえないことで、どこかビビっていた。

でも紅桜さんの言葉を噛みしめるたびに自信を持って片耳の自分を受け入れることができた。もしかしたら紅さん本人は何気なく言ったかもしれない一言だったがそれだけその助言が深く俺の心に刻まれていることの何よりの証明だった。ようやく体が変化に慣れ始めていた。

そんな状況で迎えた「ダンジョン」の収録だった。俺が出たのは２０１６年に放送されたファーストシーズンのＲｅｃ５。当時の収録現場は、のちの「スタジオコースト」ではなく銀座にあった「CLUB DIANA」。

番組側は演出で「ものすごい挑戦者が来る」と煽ってくれた。だから俺はそこにあえて乗っかることにした。収録の順番的には最後。「ものすごい挑戦者」を演じるために、あえてフロアから登場して観客を掻き分けてバトルのステージに登った。そのパフォーマンスで会場の空気をつかもうと思った。

「ダンジョン」ではこれまでのチャレンジャーが誰もやっていないことをしようと決めていた。相手は漢さん。戦うのはこの時が初めてだったが、MSC時代から大ファンだった。「ダンジョン」を最初から観てる人は知ってると思うけど、初期の漢さんの戦績は奮わなかった。それは地上波のテレビ番組という枠組みは、MCバトルの現場とはまるで雰囲気が違うからだ。そもそも会場の明るさがまるで違う。放送禁止用語などを含む危険なワードを隠す「コンプラ」は、後に番組の看板にもなったけど、チャレンジャーとモンスターでは使う時の重みが段違いだった。

そんなのは自分がモンスターになってからわかること。当時の俺はとにかく勢い任せに挑発した。

だけど実際に戦って感じたのは、漢さんは猛烈に強いということ。こっちの煽りや挑発に対して、常に冷静に対処してくる。俺が現場の言葉で攻撃すれば、臨機応変に現場の言葉を出してくる。まさに完敗だった。

ちなみに俺のコンプラワードはすべて薬の器具のこと。もともとそんなことをテレビの収録で言うつもりはなかった。でも1ラウンド目をモンスターにとられて焦った俺は、自分の中でタブーにしている感情を引き出してブーストをかけるしかないと思った。

最初から誰もやってないことをやろうとは思っていたが、器具の名前に関しては勝手に出てきてしまったという方が正しい。出してしまってから「しまった」と思った。ダサい怒りの引き出し方をしても脳はテンパって真っ白になるばかりで、百戦錬磨の漢さんにそんな猫だましが通用するはずがなかったからだ。

正直「ダンジョン」が放送されるのは怖かった。だけど制作の人たちは俺を活きの良い生意気な挑戦者に見えるように編集して、漢さんはモンスターとして新たなモードに入るというストーリーにしてくれた。夜中にTVに向かってお礼の言葉を述べてしまうほどありがたかった。

番組放送後、俺の名前はツイッターのトレンドワードになった。さらに翌日、会社の人にも「観たよ」と言ってもらえた。あと街でキャッチに死ぬほど声をかけられるようになった。

「こんなに影響力があるんだ」とびっくりしたことを覚えている。

『左回りの時計』

「ダンジョン」に出た影響で週末はこれまで以上にバトルやライブの現場に呼ばれるようになった。昼の仕事を始めて間もないうちは、まず昼の仕事や人間関係を優先するようにした。そして気持ちが薬に向かわないように、別の楽しみを見つける努力をした。

そこで変わったのは音楽との接し方。思い返せば、俺はリスナーよりもプレイヤーの時期が長い。だから他人のライブも「自分のパフォーマンスにどう活かせるか」という目線でしか観てなかった。だけどこの頃から「音楽を楽しむこと」を強く意識するようになった。するとそれまでとは全然違う世界が俺の目の前には広がった。良さがまったくわからなかったラッパーの魅力がわかったし、逆にヤバいと思っていた人の粗さも見えてきた。

プレイヤーとしての意識しかなかった頃、現場はある意味戦場だった。当時は自分のステージが終わって客席にいた時も、戦場スイッチは入ったまま。いつも斜に構えていて、音楽をしっかりと聴いて楽しむ余裕がなかった。

また昼の仕事を始める直前から『左回りの時計』の制作を本格化させた。実はこの作品自体は２０１４年から作り始めていたが、なかなか形にならなかった。とにかく自分の人生に空いた時間を作りたくなかった。暇だと薬をやりたくなってしまう。

だから平日は17時まで働いて、19時頃に帰宅して、２時間くらい制作して、日付が変わる頃には寝ていた。当時は「昼の仕事をしながらアルバム作るなんてすごいね！」とよく言われたけど、薬を我慢することに比べればまったく苦にならなかったし、自分では制作に取り掛かるまでにムダな時間がかかっているのが嫌だった。

『左回りの時計』から俺はしっかりと作詞をするようになった。よくトラックをスピーカーで流しながらリリックのアイデアが降りてくるのを待つラッパーがいるけど、俺はとにかくトラックを何度も聴いて覚えて、頭の中で完全に再生できるようにしていた。作詞する時は無音。それが耳的にも一番落ち着くし、制作しやすかった。今は普通にトラックを流しながらでも書けるように体が慣れたが、この頃は耳鳴りとの付き合い方がまだわかっていなかったので無音にしないと集中できなかった。

昼の仕事を始めて、俺の人生は明らかに好転していたが、すべてが順風満帆とは行かなかった。この年、彼女と別れることになった、というか振られてしまった。当たり前だろう。むしろよくそこまで我慢してくれていたと思う。

彼女とは喧嘩ばかりしていた。ＤＶもした。別れたくはなかった。けどこれ以上続けていくことは現実的に無理だった。この出来事が『左回りの時計』という作品に大きな影響を与えた。

俺は彼女に謝りたかった。だから真正面から自分と向き合って、本当にありのままの自分をさらけ出した。２０１４年から作っていたので、実はすでに何曲かは完成していたが、それらをボツにして、今の自分が言わなくてはならないことを書いた。

このアルバムは、１曲目「ｓｏ ｄａｒｋ」の１小節目からピー音が2回も入る。ひとつ目は薬で、ふたつ目はＤＶ。最初はピー音で消すかどうかも迷っていた。この歌には一番認めたくない、目を背けたい俺がいる。それをあえて形にした。

意地の悪い人はこの曲を聴いて「不幸自慢かよ」と思うかもしれない。けど俺は「ｓｏ ｄａｒｋ」を歌い続けることが、この頃の自分には二度と戻らないと自分自身に言い聞かせる作業になると思っていた。

だからこの作品が世の中に出たら、ライブ中に瓶を投げられようが二度とその街に呼ばれなくなろうが、全国で歌うつもりだった。こんな曲を出しておいて、また薬に手を出したり、女を殴ったりしたら、俺は正真正銘のクズ野郎になってしまう。
俺は「カッコいい」と言われたくてラップを始めたんだ。自分なりに活動していろんな現場でいろんな人と出会い、そこでたくさんの影響を受けて、輸入道というラッパーが形作られていった。だけどその過程で、俺は日本のヒップホップ文化の表層でありつつ、最も深刻な面に魅せられて、薬に手を出してしまった。
あの薬の依存性の強さは尋常じゃない。今でもやりたい気持ちはある。死ぬまで消えない。性欲や食欲のようなものだ。だけど俺は絶対にやらない。たとえ目の前で誰かがやり始めたとしても、俺はやらない。そう決めた。

「ｓｏ ｄａｒｋ」

はじめての×××は19歳のとき
落とすために火をつけたｊｏｉｎｔの吸い残し
女と住んでた2年間はまるでＰＶ
別れることになった理由は俺の×××

後ろめたいことは全部誤魔化して生きてる
誰も信じられないから自分を信じてる
成功の裏側のトラウマに追われてる
暴力と薬と性欲に操作されてる
弱い奴を見つけたら逆に仲良くする
印象を良くしてから伸びた鼻を潰す
積みあげたものを崩す瞬間の快楽
「イイ奴」のふりをすれば何も言えないはず
踏み込んでこられると付き合いを変える
形だけちゃんとすれば好きなようにやれる
一人でいるのが一番楽しいね
ミュージシャンは歌ってるときはかっこいいいね？

（HOOK）
普段はサラリーマンみたいなことやってた

出版社のバイトして夜はＲＡＰやってた
精神的余裕なんてとっくになくなってた…
それでもやめられずにＬＩＶＥやるんだってさ
普段はサラリーマンみたいなことやってた
出版社のバイトして夜はＲＡＰやってた
言いたいことなんか実はとっくになくなってた…
それでもやめられずに音楽やるんだってさ

立派な人間を見るとあらを探したくなる
見つかったら誰にも言わずに笑いたくなる
俺はかっこいいやつや可愛いやつが嫌い
見てるとムカつく　手榴弾で爆破したい
キラキラしてるやつといるとキラキラする
だけど一人になって鏡見るとイライラする
イベントのフライヤー？

読んでるわけねえだろ
お前のCDなんか持ってるわけねえだろ
金がないふりをして年上に出させる
金があるふりをして年下にたかってる
テーブル×××ぶらさがり
そっちの才能はねえ
だからBATTLE出て勝ちまくって最高だね
一つだけ残っていた×××を噛み砕く
tripにつぐtripの先に向かう
HIPHOPって言葉に頼るやつはダサい
バカなファンが喜んでるぜ？
pass　da　mic

（HOOK）

徳之島

「ダンジョン」には第3シーズンにも隠れモンスターで呼んでもらい、同じ収録タイミングでゲストライブもやらせてもらえた。

その時に歌ったのが『左回りの時計』に入ってる「徳之島」だ。ライブをした時はリリースされてないどころか、できたてほやほやの初公開だった。

この曲は、ライブで呼んでもらった徳之島に滞在していた時のことを歌っている。トラック自体はだいぶ前からあって、リラックスしたい時によく流していた。昼の仕事をしつつ、薬に後ろ髪を引かれないように、自宅で少しずつ『左回りの時計』を作っている時、ふと「あのトラックで徳之島のことを歌ってみよう」と思った。

南の島に行った時のことを曲にするのは一度やってみたかった。千葉の先輩のクルー・房州達磨《ぼうしゅうだるま》のラッパー・焔壱飛《ほむらいっと》さんが石垣島に行った時の感想を曲にしていて、その曲が大好きだったからだ。

徳之島は鹿児島の奄美群島のひとつ。歌詞でも言ってるけど、もともとは縁もゆかりもなかった。しかし、「俺がなめられりゃ島がなめられる」と家族、仲間、徳之島全てを背負い全島一ＭＩＣとして歌い、鍛え続けているマイク持ちのＧＯＴＣＨさんが俺をライブゲストに呼んでくれた。この日の体験が本当に素晴らしかった。

　島についてＧＯＴＣＨさん家族や同じくマイク持ちのＭＩＮＥＳＴＡさんが最初に連れていってくれたのが夕暮れの犬田布岬《いぬたぶみさき》だった。広大な芝生の先にそびえる戦艦大和の慰霊碑。ただ美しいだけではない岬でじっと海を眺めていた。

　帰ってきて曲を書き上げタイトルを決める時「徳之島」か「島の唄」のどちらにするかで迷った。自分がどんな人間なのかは自分が一番よくわかっている。もしこの先誘惑に負けてまた薬に手を出し逮捕されたら、徳之島の人たちに大恥をかかせることになる。だから具体的な地名や固有名詞は出さないほうがいいのではないかと最初は思った。

　だがこの時の俺は薬をやっていなかったし、「二度とやらない」「手を染めない」意思がかたまっていた。

「次テレビに出る時は徳之島のこと言ってくださいよ」と笑っていた学生たちの顔がまぶたの裏側に浮かんだ。こんなクソみたいな俺に「サインください！」とｉＰｈｏｎｅを次々に出してきた彼らの思いに応えたかった。裏切ってはいけない。俺は書きあがったばかりのその曲を「徳之島」と名付けた。

「徳之島」より

息づいてる魂　日本人の誇り
大和から日の丸を背負ってつなぐ歴史
子供たちの黒い目が見透かす未来
過去があって今がある　犬田布岬
年寄りの顔の皺に刻まれた年輪
生きるための労働に縛られた現実
幸せはささやかで当たり前の喜び
鹿児島の海に誓う　また来ますよここに

「ダンジョン」のゲストライブで「徳之島」を歌ったらＺｅｅｂｒａさん（以下、ジブさん）が気に入ってくれた。そのあと「ダンジョン」の2代目モンスターのオファーと一緒に、ジブさんが２０１７年からスタートさせたヒップホップ専門ラジオ局ＷＲＥＰの番組「渋谷Ｗ

ＲＥＰ学園」へのレギュラー出演を打診してくれた。しかも約2時間におよぶ生放送のトーク番組。

ラジオパーソナリティは俺にとって新しい挑戦だった。相方はＵＺＩさん。本当にお世話になった。後にｂａｙｆｍで番組を持たせてもらえるようになってからも、この時の経験がなければ乗り越えられない局面を、何度もＵＺＩさんに学んだノウハウで切り抜けることができた。

　毎週午後の早い時間から打ち合わせをしていたんだけど、俺はいつもギリギリになってしまう。「今日寝坊したんで飯食ってないんですよ」と雑談の流れで何気なく言ったら、翌週からＵＺＩさんはフライドチキンを買って来てくれるようになった。2時間も番組で話すには体力が必要だし、油は喉に良いということもその時に教えてもらった。ライブで喉を潰してしまった時は、のど飴や漢方薬をプレゼントしてもらったりもした。何より、番組を通じてＵＺＩさんから日本語ラップの歴史をたくさん教えてもらった。

　２０１６年の後半、俺は昼の仕事を辞めた。ラップの仕事が増えて、休みが多くなった。このままでは会社の人に迷惑をかけてしまう。でも本当は辞めたくなかった。それくらい昼の職場の人たちのことが好きだった。

職場で一番偉いのは局長。入る時に面接してくれたのもこの人だった。相談をすると「ここが選択する時だと思うよ」と言ってくれた。そして「長時間労働の問題を仕事で扱っている僕がこんなことを言うのはよくないかもしれないけど、自分自身が心から大好きなことなら、少しくらい大変でも続けられるよ」と背中を押してくれた。円満退社だった。

最後に思い切ってなんで俺を採用したのか質問してみた。「実は君の他にもう1人、18歳の女の子も面接したんだ。でも君の方がガッツがありそうだったんで、社内の雰囲気も変わるかなと思って採用したんだよ」と教えてくれた。極限まで追い詰められた人間の悪あがきは土壇場でガッツに見えていたらしい。冷静に考えれば、ディープな労働問題なんて生半可な気持ちじゃ関われない。すごく柔和で親しみやすい上司だったけど、改めて気骨のある人なんだと思った。

局長とは仕事終わりに何度か飲みにも行った。「どんな人生でも幸せと不幸せは同じバランスになる」と言ってくれた。俺はそれまで世の中には幸せな人生と不幸せな人生しかなくて、幸せになるためには誰かを蹴落とす必要がある、と思っていた。そして局長は「だから今、不幸せだと感じていても、きっと幸せな時間は巡ってくるよ」と続けたんだ。

この言葉にはとても救われた。凝り固まった俺の思考をほぐしてくれた。局長だけじゃなく、昼の仕事で関わってくれたすべての人が俺を良い方向に導いてくれた。心から感謝している。

第8章

KING OF KINGS

1回戦　Ｌｉｃｋ-Ｇ

俺の２０１７年は１月８日にディファ有明で開催された「ＫＩＮＧ ＯＦ ＫＩＮＧＳ ２０１６ ＧＲＡＮＤ ＣＨＡＭＰＩＯＮＳＨＩＰ ＦＩＮＡＬ（以下、ＫＯＫ ２０１６ ＦＩＮＡＬ）」からスタートした。

自分が少しずつ明るい場所へ向かっている感触はあったものの、正直この頃はまだあまり実感はなく、もがきながらなんとか前に向かっていたように思う。「ＫＯＫ ２０１６ ＦＩＮＡＬ」は暗い場所から抜け出そうとする狭間の時期に出場した。そのせいか個人的にも印象深い大会となった。

ＭＣバトルの内容を後から文字に起こしたり、掛け合いの呼吸を解説することほどバカバカしいことはない。その場の勢いでしたフリースタイルであたかもそれがそのラッパーの全てであるように錯覚する人も多い。ただし機械ではなく生身の人間が即興でやっていることなので、使う言葉の端々にそいつの人生が色濃く表れてしまうことも否定できない。そのため恥を忍んでこの大会の自分の試合を振り返ってみたいと思う。

俺は1回戦最後の試合でＬｉｃｋ－Ｇと当たった。この日は3試合目のＧＡＤＯＲＯとＣＩＭＡさんのバトルでＤＪをしたＤＪガッデムさんが試合中にビートを止めてしまうミスをした。加えて、司会進行のマスターさんも審査員の旗を数え間違える誤審があった。

俺はＬｉｃｋ－Ｇとのバトルで先攻だったので1バース目に「マスター判定間違えすぎ／それじゃ報われないＣＩＭＡにＩＳＳＵＧＩ／俺は運営に怒ってる／ビート間違えてんじゃねえガッデム／こいつらの気持ち代弁する／そして脳みそが回転する」と言った。

あの日の会場には、いくつかのミスが重なったことで、観客にも演者にもなんとなくフラストレーションが漂っていた。

俺の出番は1回戦最後。観客全員の中で共通事項としてその出来事が認識されているなら、逆手にとって武器にすることでそのあとの自分のラップの内容をよりスリリングにアピールできる。加えて、観客ではなく出演者自身がリアルタイムで批判することで少しでも運営側のトラブル処理に役立てばいいという思いもあった。後からＳＮＳでグダグダ言ってもどうにもならないし生産性もない。諸刃の剣ではあるがフリースタイルバトルなのだから台本も筋書きもその場で作っていくしかない。自分の感情に流されていない選択であれば、そこに直感を乗せても形は大きく崩れないものなのだ。

だがＬｉｃｋ‐Ｇも負けてはいなかった。俺が「こいつらの気持ち代弁する」と言った時点で、こちらの次の手を読んで「回転する」を被せてきた。この時は正直彼がライムを読んだのか小節に入るタイミングをミスしたのかわからなかった。なのでどちらの場合でも違和感なく向こうのバースに繋げるように「なんだどうした？　お前？　またイッちゃってんのかケミカルでも」と返した。

するとこのパスを受けたＬｉｃｋ‐Ｇは信じられない完成度のアンサーを繰り出してきた。俺の「ケ（え）ミ（い）カ（あ）ル（う）」というワードから「なんだケミカルでも／俺のマイクはテキサスチェーンソー／俺に触れるな／液体窒素／適材適所／敵対勢力は撃退せよ／エビバディセイホー／ラップの性能／まだ回転中／わかんないけど俺のフリースタイル／切れ味ならばレザーフェイス」と韻の応酬を繰り出してきた。こんな野暮なことはしたくないが彼がどれだけすごいアンサーを返してきたのか、フリースタイルを母音にして分解してみよう。このバースは……、

「ケ（え）ミ（い）カ（あ）ル（う）で（え）も（お）」

「テ（え）キ（い）サ（あ）ス（う）チェ（え）ーンソ（お）ー」

「液（えい）体（あい）窒素（いお）」
「適（えい）材（あい）適（えい）所（お）」
「敵（えい）対（あい）勢（えい）力（おう）」
「撃（えい）退（あい）せ（え）よ（お）」
「エビ（えい）バディ（あい）セイ（えい）ホー（お）」

と7つも即興で韻を踏んでいる。俺の最後のバースの、しかも最後のフレーズの「ケミカルでも」を即座に拾って全文字踏みの韻を7つも思いつくなんて普通じゃない。彼からすればこの程度のことは朝飯前なのだろう。

この試合で俺は勝てたけど、もしも会場に字幕があってＬｉｃｋ－Ｇのスキルがしっかりと観客に伝わっていたら結果は変わっていたと思う。ちなみにこの後Ｌｉｃｋ－Ｇとは「ＴＨＥ罵倒２０１７　―ＧＲＡＮＤ　ＣＨＡＭＰＩＯＮＳＨＩＰ―」「ダンジョン」で対戦したけど2回とも負けてしまった。悔しさもあったがそれ以上に「お見事」と言わざるを得ない。ハイブリッドの底力を見せつけられて敗北した後は、絶望の中にもそれを引き出せた喜びが生まれてくる。俺は彼のラッパーとしてのさらなる活躍を心から願っている。

2回戦　呂布カルマ

呂布カルマさんとは1ヶ月前に開催された「THE 罵倒 2016 GRAND CHAMPIONSHIP」の決勝でも対戦していた。バトルの会場やクラブで何度か顔を合わせてはいたけど、実際に戦うのは確かその時が初めてだったと思う。

「罵倒」はボディタッチありなのでインファイトを仕掛けるバトルMCが多いが、この時は必要以上に間合いを取って戦った。呂布さんに「もっとステージの真ん中に来いって言ってんだろ」と煽られても立ち位置は動かさなかった。不用意に彼の間合いに入ったら、一瞬で首ごと持っていかれそうな殺気を肌で感じたからだ。

正直、このバトルは呂布さんの攻撃をかわすので精一杯だった。ステージ上のパフォーマンスを含めて、一本ラインは引かれているのにターンごとにお互いそれを大きく踏み越えていくような駆け引きの応酬だった。「罵倒」では勝った。だけど俺にはその実感が一切なかった。実際、僅差だったと思う。あの時にいたお客さんがたまたま俺を選んだだけだ。

そんな状況で、俺たちはこの「KOK」という大きな舞台で再び相見えることになった。

呂布さんは「罵倒」の続きを「ＫＯＫ」で始めた。

呂布さんの最初のバースは「頭に血管を浮かして／ステージとマイクに唾飛ばして／暑苦しいラッパー／勝手にやっとけ／いつだって熱いやつが勝つのが世の常／知ったことか／頭に来る／けど俺はあくまでクールを貫く／いつだって同じようなスタイルのやつらが跳梁《ちょうりょう》跋扈《ばっこ》／俺ならバッコバッコに後ろからハメてやる／ケツ向けろよ／輪入道、チンピラぶったって俺の前じゃ霞むぞ／お前のスタイル／とっくに飽きてる／新しいものを見せてやる」というもの。

最初の「頭に血管を浮かして」は、呂布さんが「罵倒」で俺の可視化された特徴を攻撃するために使ったトピックだ。加えて「いつだって熱いやつが勝つのが世の常／知ったことか」とバトルの冒頭で自分のスタンスを明確にしていく。中途半端な自己開示はバトルに限って言えば大抵逆効果に終わるが、自信に裏打ちされた高いラップスキルと揺るがない信念を持つ呂布さんの場合はそれがバッチリハマって対戦相手は蛇に睨まれた蛙のように何も言えなくなってしまうのだ。

対して俺は「だれがどう見たってチンピラぶってるのはおめえだよ／まずグラサン外せ／おめえよりも俺の言葉だろ／あぶねえ／させねえんだよ発言／こないだの『罵倒』の決勝で

俺に言われたこと何も聞いてなかったの／頭に血管浮かせてるからなんなの／それなんか関係あんの」と返した。

　だが次のバースで呂布さんは俺が全身黒いつなぎを着ていたことに引っ掛けて「上から下まで真っ黒／お前の腹の中と一緒／でけえ声でカッコつけちゃいるが透けて見えてるぜ」と俺の本質を言い当てたんだ。

　俺はこの自伝を書くまで、自分の内面にある暗い話はほとんどしてこなかった。当然呂布さんともそんな話はしたことがない。自分がすべて見透かされるような、居心地の悪さと恐怖を感じた。そんな状態の俺に、呂布さんは「俺のサングラス／目の色を見せないその理由／ここじゃ口に出して言えない／お前だってわかってんだろそれぐらい」と言ってきた。呂布さんは中毒者ではない。にも関わらずこんなことを言ってくるということは、俺が薬にハマっていた過去がバレてるのかと勘ぐってしまった。

　そして疑心暗鬼になった俺は「気体／個体／液体みたいに吸い込んでぶっ飛んでるだけ／だから無理／結局勝てないらしい」と自ら薬をイメージさせるラップをするという墓穴を掘った。そんな動揺を見抜いたのか、呂布さんは「血管になんかぶち込んだあげくに変なもの見えてるんじゃねえの？／俺はいたってシラフ／それでもやってるぜ／ミラクルひかるみたいなモノマネじゃないスタイル」と致命的なパンチを入れてきた。

呂布さんが俺の過去を知っているはずがなかった。当然お客さんも。だから呂布さんの攻撃は俺の内面には強烈に響いたけど、お客さんには伝わらなかった。皮肉なことに俺は自身の弱点を一突きされたにも関わらず、呂布さんのラップの通り「いつだって熱いやつが勝つのが世の常」という結果になったのだ。

この「KOK」でも、前回の「罵倒」でも、俺は呂布さんのペースに巻き込まれないように必死だった。あちらに行ったら、俺は絶対に勝てない。俺は自分の暗黒をコントロールする自信がなかった。だから勢いで押し切った。だけどやっぱり全然勝てた気がしなかったんだ。

改めてDVDを観ても俺は完敗だと思った。

準決勝　崇勲

不思議なもので、この「KOK 2016 FINAL」にはのちの「2代目モンスター」が4人も出ている。俺、ACE、呂布さん、そして次の対戦相手である崇勲さんだ。準決勝でKOK初代チャンピオンと当たるというので、俺は呂布さんとの試合と同等かそれ以上にモチベーションを維持することに努めていた。

崇勲さんは常に真っ向勝負を挑んでくる。呂布さんが暗黒なら崇勲さんは光明。ディスをしない。にも関わらず、強力なパンチを打ってくる。そして見落としがちだが、光とは何も暖かく道を照らすためだけのものではない。照射することで殺菌することもできるし、レーザーのように焼き切られてしまうこともある。

崇勲さんは最初から「俺は下手な言葉なら用意しない／無駄なディスり合い乳繰り合いには興味ない／愛のないマイクばっかりで興味ない／これが春日部のスタイル／伝えたいことはただひとつ／マイクに愛／俺がMCバトルのアンチテーゼ／輪入道感じてくれ」と真っ向からぶつかってきた。こちらも真正面から返す。「すべてのしがらみから解放されてマイク握る俺が輪入道レペゼンCBのフリースタイル／かましてやるぜ2007年『REPRESENT』にお前が出てたのを憶えてるぜ／その時から全然／お前変わったな／昔よりも全然すごくなった／だからまずは言いたい／お前にリスペクトを送りたいんだ／その上で見せてやる謹賀新年だわ」。

もちろん「2007年『REPRESENT』」とは、俺が初めて優勝した千葉のMCバトル大会。対戦しなかったけど、崇勲さんは埼玉から出場していた。俺のアンサーを受けて崇勲さんは次のバースで「輪入道、お前は間違いない」とリスペクトを送ってくれた。

暗い内面を覗かれたように感じた呂布さんとの対戦を経てからのバトルだったこともあり、俺は崇勲さんの賛辞をそのまま受け取るのではなく、もっと腹を割って向き合わないとこの人には勝てないし、よしんば勝てたとしても後から悔やむことになると感じた。そして「間違いばかりの人生だった／俺はお前に間違いないって言われたらそれは違うって言うぜ／さまざまなものに手を出して女を傷つけ／それでも俺はまだヒップホップにしてるリスペクト／実名を出して喋るまるで報道記者／俺は東京にいろんな思いがあるんだ／春日部／検見川／俺が見せる手にはマイク／これ以外に何もない／千葉県のラップ」と返した。

２００７年の千葉のバトルに埼玉の春日部から来ていた崇勲さんと、10年以上の時を経て大舞台でぶつかれているのは素直に嬉しかった。地元の仲間たちが応援に来てくれた「ＵＭＢ」の全国大会で無様に負けてしまった時、ずっと謝り通しだったことを思い出した。いついかなる時も陰になり日向になり輪入道というラッパーを支えてくれた地元への愛がビートの上で溢れる。そしてそれはそのまま埼玉のシーンへのリスペクトに繋がっていた。

俺は埼玉に本当にお世話になった。東京に出てきたばかりの頃、埼玉出身のプレイヤーやお客さんとたくさん友達になった。その代表格が「シンドラーズ」で出会った空也くんだ。

よくＵＲａＷＡ ＢＡＳＥや川越Ｇ－ｓｔｙｌｅにも遊びに行った。舐達麻の前身グループである49と同じイベントに出て、みんなでご飯を食べたこともあった。

俺には埼玉人の友達がたくさんいて、現場にも足繁く通っていたので当時は俺を埼玉出身だと間違えていた人もいた。埼玉のあたたかさとカッコ良さを身に沁みて知っていただけに、崇勲さんとのバトルでは自分の中にある憧れと対抗心が、ポジティヴな表現で自然と出てきた。

それが形になったのが俺の3バース目だ。「埼玉の人間のヤバさ結束力のすごさ／それに散々救われた飯も食わせてもらった／その上で言う／埼玉／俺は絶対に千葉の人間としてお前には負けられないんだ／ＹＯ／死んだも同然だった／あの頃から成り上がったマイク一本だけだ／常にラッパーってのはここに立てば命がけだ／最後に立つのは1人だけだ」。

これらの言葉は間違いなく崇勲さんに引き出してもらった。自分の中にあったけど、もやもやして消化できなかった気持ちを、「ＫＯＫ」準決勝という大舞台で形にすることができた。会場は俺と崇勲さんのバトルに静まり返っていた。のちのち千葉「ＬＯＯＭ ＬＯＵＮＧＥ」のｙｕｔｏという後輩が「あの試合が決勝戦でもよかったんじゃないすか？」と真顔で言っていたくらい確かな手応えがあった。僅差だったと思うけど俺は決勝に進むことができたんだ。

決勝　GADORO

俺は「KOK 2016 FINAL」を戦いながら自分が進化している実感があった。特に崇勲さんとの試合は自分でも納得できる内容で勝つことができた。そして決勝。負けたくなかった。

決勝の相手はGADORO。彼とは俺が初めて出演した「ダンジョン」の収録現場で出会った。その段階で存在は知ってたし、音源も、バトルの動画もチェックしていた。だけど現場でバトルしてる姿を実際に観て、俺は底知れぬ恐怖を感じた。「この人は一体どんな場所からここにやって来て、どんな生活をしてきた人間なのか」。動画で見るのと生で見るのとでは受ける印象がまるで違った。本当に何もないところからここまで這い上がってきた飢餓感がヒシヒシと漂っていた。あまりに衝撃を受けて、自分から挨拶に行った。

その後GADOROとは2016年の夏に開催された「ADRENALINE MC BATTLE」の決勝で初めて対戦することになった。俺はリスペクトを込めて、「ダンジョン」でのファーストインプレッションをビートに乗せてこう言った。「お前の話なんかひとつも知らねぇ／年齢　それから家族構成　何もかもわからねぇが　なぜだかここでマイクを通して　お前の気持ちが伝わるぜ」。その時は俺が勝って優勝することができた。だがその時もGADOROはほかのバトルが強いだけのMC達とは明らかに違う存在感をステージ上で放っていた。

「KOK」は毎年非常に凝った演出でバトルを盛り上げてくれる。この年は格闘技の大会をイメージして、会場中央にリングを模したステージが作られた。俺たち出場者は、花道を通ってリングまで歩いていく。

先に入場したのはGADORO。俺はやつの背中を見ながら「絶対に相手を見下さない、見くびらない」と声に出して自分に言い聞かせていた。この頃のGADOROはどのバトルでも標的のような存在になっていた。包み隠さずにさらけだすということは、それだけ初期段階で多く敵を作ることに繋がる。加えてGADOROの群れないスタンスと、「向かってくるやつは全員殺す」という勢いが対戦相手を刺激していた部分もあったと思う。

「ダンジョン」の収録で初めて会った時も思ったが、やつは飢えた獣だった。何を言われても、どんなに威圧されても、必ず立ち上がって噛みつき、殺した。そして今「KOK」の決勝という大舞台で俺と戦う。

俺とGADOROでは人生で見てきたものがまるっきり違うが、本質的な部分で共感できるものがあった。それは弱さだ。しかも彼はその弱さを暴力的なまでに鋭いライムに変換して相手に突き刺すことで勝利をもぎ取っていた。俺はクソ生意気なガキとしてシーンに飛び込み、たくさん失敗をして、嫌な体験も悲しい思いもした。だが般若さんやＲＡＩＺＥＮくん、鬼一家や十影さんといった先輩たちに助けられて、なんとかここまで生き延びてきた。

一方、当時のＧＡＤＯＲＯは本当に１人きりだった。拒絶を自分の推進力に変えていた。俺はＧＡＤＯＲＯにＭＣバトルでしか伝えられないことがあると思っていた。だけどそれはまだ自分の中ではっきりした言葉になっていない。

ＧＡＤＯＲＯは先攻後攻を決めるじゃんけんで勝って、迷わず先攻を選んだ。そしてこんなバースから始める。「ＹＯ／覚えてるか／戦極の時／あんたが俺が後攻を選んだ時に／後攻選んで日和ったんじゃねえかって言ったこと／だから俺は先攻を選んでやってんだよ」。

俺たちは「ＫＯＫ」の前に「戦極 ＭＣ ＢＡＴＴＬＥ 第15章」でも戦っていた。戦績は１勝１敗。冷静さを取り戻して「生き残った俺たちが何をすべきか／先攻後攻の話しかすることがねえのか」と返した。

一切目をそらさずに超至近距離で打ち合う。脇の下には滝のような汗が流れ、手の震えを抑えるために拳を握ると指の爪が掌に食い込んで血が滲んだ。ＧＡＤＯＲＯとはバチバチだった。俺は感情的にならず、少しずつバトルの内容を俺たちの内面の話に近づけていった。

俺は拒絶と反発だけがバトルではないということをGADOROに伝えたかった。やつが孤独と戦っていることへの理解や、本心からのリスペクトを持って今ぶつかっているということをラップした。しかし、心の壁は簡単に崩すことができなかった。同時に、それがGADOROがプロフェッショナルであることの何よりの証明だった。

拮抗した決勝戦は延長にもつれ込む。俺は正直何が何でも勝ちたかった。普段であればどんな手を使ってでもGADOROを否定し、揚げ足を取ろうとしたと思う。でも俺は目の前にいる相手との対話を諦めたくなかった。延長になると彼のラップの内容が徐々に変わってきた。壁が崩れ始めたんだ。


「KOK 2016 FINAL」決勝戦延長

VERSE1

・輸入道（先攻）

戦極の時にお前　俺に勝ったあとに
俺が筋「お前が筋になったな」って言ったら「筋ってなんですか?」つったろ
「それで一本筋通す」とか言うな
媚びを売ることと相手を見ることは違う
それ以外に言うことはない
結局のところイカ臭いやつだった
俺もお前みたいなやつだったからよくわかる
だけどそこからもう一歩発展した進化系が目の前にいると思いな　俺は

・ＧＡＤＯＲＯ（後攻）
お前が俺に対して筋が通ってねえ
言ったのが先攻か後攻かの違いだろ
わかるよ　でもよ　俺はよ
ぜってえに勝つっていう気持ち
その筋だけは今まで通してきたよ

これは本心で言ってるぜ
小手先のライムも踏まねえつったよな
それはお前だからだ　決勝だからだ　ＫＯＫだからだ
審査員がいるから本心で勝負した

ＶＥＲＳＥ２

・輪入道
俺も27になってエラそうなこと言えるようになったが
みんなその気持でやってんだよ　わかるか
勝ちてえと思ってねえやつなんかいねえ
負けようと思ってマイク持つやつはいねえ
俺はヤクザじゃねえ
だけど言ってやるぜ
裏の道だっていろいろ見て

その上で人生
叩き込んでやるんだ　日本人の即興
見せてやるもっと
上まで行こうGADORO

・GADORO
俺もよ　ぶっちゃけた話を言うけどよ
何度も幾度も逃げてきたよ
でもな　逃げたところは後ろじゃねえ
俺はマイカフォン一本　前に逃げてきたんだよ
これが俺の生き様だぜ
ぜってえに負けねえ　本心で喋ってるぜ
俺の気持ちわかるな　お前の気持ちわかるさ
だからこそ対面して勝負やってるんだよ

VERSE3

・輪入道

前に逃げる　すげえな
お前やっぱすげえな
俺は逃げる時はいつも後ろ向きだったわ
空と逆の方向を向いて
川っぺりで「何で負けたんだろう?」頭を抱え女に慰められ
その上で結局やめられねえ　金だけじゃねえ
ヒップホップのヤバさ見せる
舐められたくねえ
危ねえところで踏むぜアクセル
アクセントつけてく
悪戦苦闘した人生をぶつける

・ＧＡＤＯＲＯ
間違いねえ
つかの間の休憩で寝そべってさ
あの青い空　青いなとか言ってさ
でもさ　俺も輪入道もなんら変わらねえ
あの青い色の空の様にケツが青いぜ
まだまだ糞ガキだろ
俺たちはいくらたっても糞ガキだぜ
それでも譲れねえ　魂は崩さねえ
このマイカフォン誰が何言おうと離さねぇ

ＶＥＲＳＥ４

・輪入道
その通り

ガキのままで
ありのままで
街の中で価値を探せ
張り飛ばされても気にすることはねえ
言葉で底上げするレベル
いつまでもずっと
お前と同じようなバトルみたいなことをやっていてえ
だけど人生ってのは有限
左耳が聴こえなくなった苦しみってやつと俺は今も戦い続ける
病院のベッドの上じゃねえ　ステージの上
ここでただ俺は俺ってやつを見せてえだけ

・GADORO
お前に明日を見せる時に何ができるのか
お前が左上のベッドで寝そべった時に

見た夢はなんだ
母ちゃんの夢か　なんでも良い
俺は幾分も夢を見てきたさ
でもさ　安室奈美恵じゃねえけどさ
夢は叶えるもんだよな
見るもんじゃねえよな
だからこそ叶えてえ　俺の本心
人生一回　たった一日で変える

試合が終わって音が止まった時、どこからともなく自然と拍手が沸き起こった。会場中を包む拍手は鳴りやまず、同時に俺は自分が負けたことを悟った。

左耳が聴こえないこと、裏の世界を見てきたことをバトルで言うのはこれが初めてだった。おそらく会場の人は俺が何を言ってるのかよくわからなかったと思う。

だけどこのバトルで中途半端な言葉は吐けなかった。自分たちの中にあるブラックな部分を一切薄めずに混じりけのない真っ白な本心を吐露する。お互いの人生を一歩前に進めた忘れられない64バースだった。

勝者はGADORO。負けたことは悔しかったけど、まったく後悔してない。俺自身もどん底から這い上がっている途中だった。自分の方向が間違ってないと確信できた。

その後、GADOROとは何度か一緒に曲を作った。その中のひとつが「真っ黒い太陽」だ。俺はこの曲で初めて中学生時代の黒歴史を話し、突発性難聴のことも改めて言うことにした。GADOROとの曲では普通の話がまるでハマらない。バトルと同じく、人間性の本質的な部分をさらけ出し、こすり合わせることでようやく成立する。

この曲は彼のラップが入った状態でデータが送られてきた。だからあんな内容になった。左耳が聞こえないことについて、「届いていますか　左耳の聴覚に」なんて、あそこまでダイレクトに言われたことはない。俺はGADOROに感謝している。そして、バトルじゃなくたってずっと戦っている。

第9章

2代目モンスター

フリースタイルダンジョン

「KOK 2016 FINAL」の後、2月に『左回りの時計』を発表した。この作品を出したことで、今まで以上にいろんな街に呼んでもらえるようになった。そして4月から「ダンジョン」の2代目モンスターに就任した。収録は大体月に1回。この時期は般若さんと頻繁に連絡を取り合っていた。

「初代モンスター」は晋平太さんに初めて100万円を獲られた後、そこをひとつの区切りとして引退した。でも般若さんはラスボスとしてダンジョンに残った。「ミュージックステーション」でパフォーマンスするまでに社会現象を巻き起こした初代の後釜として、「2代目」はどういう違いを作りラスボスを守っていくのか。関係者のみならず世間の注目度も高かった。それに俺自身も「長渕炎陣」に出演した経験から、テレビというメディアで自分を表現することの難しさは痛感していた。

だから俺の中ではダンジョンは「仕事」だった。自分が持っていたセオリーや感情は一度すべて捨てた。そして「初代」が築き上げたモンスターのイメージを引き継ぎつつ、FOR

K、呂布カルマ、崇勲、ACE、裂固、輪入道の6人でしか表現できない、新しいモンスター像を作る。そんなことを最初から強く意識していた。だからありのままのラフな輪入道というより、「2代目モンスター」を真面目に演じていた。

2代目モンスター　崇勲

ここで改めて2代目モンスターとのエピソードを話していきたい。さっきも話したけど、崇勲さんは俺が最初に参加した2007年のMCバトル「REPRESENT MC BATTLE」に出ていた。さらに同年の「UMB」千葉予選でも一緒になっている。ご承知の通り、崇勲さんは埼玉の春日部出身だけど、当時の「UMB」は埼玉予選がなかったので、千葉まで遠征してきていた。

崇勲さんはこの頃からあまり相手を傷つけるようなことは言わないラッパーだった。今みんなが知っている崇勲さんほどは達観してなかったけど、当時のMCバトルの口汚さは本当に凄まじいものだったし、動画が残るという認識も希薄だったせいか恫喝や暴力も横行していた。だから崇勲さんのスタイルは当時からかなり際立っていた。

よく覚えているのは、対戦相手がチンコのデカさをボースティングの比喩で使った時のアンサーだ。もちろん返し方はいろいろある。自分のほうがデカいと正面から打ち返したり、チンコに絡めてうまいことを言って相手を手玉に取ったり。だけどその時の崇勲さんは「俺はチンチンが小っちゃいからそのへんについては何にも言えない」と肯定して、さらにチンコの流れをぶった切った。

これにはあらゆる意味で驚いた。当時のバトルは、なんだかんだ言ってボースティングが主流だった。俺も含めてラッパーは、ステレオタイプの人も邪道の人も正統派の人も基本的にはみんな、いかに相手の上に立つかを常に考えていた。

それなのに崇勲さんは相手の罵倒を真正面から受け止め、弱点も認め、さらにユーモアを乗せて処理してしまった。このアンサーに会場は沸きに沸いた。こんな戦い方があるのか、と当時17歳の俺は強い衝撃を受けた。

でも実は崇勲さんとちゃんと話すようになったのは、前述の「KOK 2016 FINAL」で対戦してから。もちろん現場では何度も一緒になった。でも「仁王立ちの内弁慶」というダンジョンでの二つ名の通り、崇勲さんは気心が知れた人以外とは必要以上に話さない。そういう意味でも俺にとって「KOK 2016 FINAL」はデカい大会だった。

崇勲さんは本当に人として器が大きい。俺らが出てた時期の「ダンジョン」を観てた人ならわかると思うけど、崇勲さんはモンスターとしてそこまで戦績が良くなかった。あれには理由がある。

崇勲さんは1人目のモンスターとして登場することが圧倒的に多かった。ここまでに何度か書いてきたけど、バトルは水モノだから、いくら事前に挑戦者の特徴を調べたところで、当日、実際戦ってみないとわからない。だから先鋒は難しい。崇勲さんはいつも「俺が最初に行きます」と1人目を引き受けた。まるで「俺が相手の調子を探ってくるよ」と言わんばかりに。崇勲さんはそんなかっこいい人なのだ。

FORK

FORKさんと出会ったのは2008年。俺が19歳になるかならないかの時だった。出会ったと言っても一方的に知っていただけだ。今も昔もそうだけど、シーンにカリスマ的ラッパーが登場すると、そのスタイルに影響を受けまくった二番煎じが大量に発生する。2006年にFORKさんが「UMB」で優勝して以降、特に俺らの世代には「FORK2世」が生まれまくっていた。

そんなタイミングでＩＣＥ ＢＡＨＮが千葉にやってきた。俺は勇んで会場に足を運んだ。あわよくばＦＯＲＫさんの首を獲ってやろう。昔、漢さんが、偶然出会ったＴＨＡ ＢＬＵＥ ＨＥＲＢのＩＬＬ-ＢＯＳＳＴＩＮＯさんに野良ＭＣバトルを仕掛けたのは今となっては有名な話だけど、俺もそんな意気込みだった。

会場の裏で1人になったＦＯＲＫさんを発見すると、面識なんて当然ないにも関わらず、いきなりフリースタイルをしかけた。19歳の猛るラップへの思いをひとしきりぶつけた。でもＦＯＲＫさんのアンサーは「お疲れ」の一言。笑顔でその場を後にした。

悔しかった俺はある楽曲で一方的にＦＯＲＫさんをディスした。だがそんな匂わせ程度の宛名も書いていないディスではそもそも勝負になるはずがないし、のちのち自分が各地の現場や楽屋でヘタクソなフリースタイルを仕掛けられるようになってからどれだけその行為がウザったいものなのかが身に染みてわかった。全部聞いてもらえるだけで充分すぎるほど神対応なのだ。世間知らずにもほどがあった。早い話が格が違ったってわけだ。

俺からするとＦＯＲＫさんはレジェンドクラスの先輩。同じチームになるまではちゃんと話したこともなかった。俺ら「2代目」にとってＦＯＲＫさんはもう1人のラスボスだった。

みんなリスペクトしていた。

　実際自分もフリースタイルバトルMCをやっているけど、どうやったらFORKさんのようなスタイルが成立するのかまったくわからない。「2代目」として長い時間を一緒にすごした今でも、だ。いくら技術を磨いたところで、俺にあのスタイルは再現できない。音楽やカルチャーだけでなく、歴史や政治、人生哲学に至るまで、途方もない数の言葉と考え方が複雑に混じり合ってラップになる。

　FORKさんは男からの人気もすごいが女性にもとにかくモテていた。毎回、モンスタールームにいるとFORKさんの女性ファンからの差し入れがドサッと届く。落ち着いたトーンでジョークを飛ばしつつ出番が来ると、怖くなるくらい構築されたフリースタイルで挑戦者を完膚なきまでに打ち砕いていた。

　実は「ダンジョン」で定期的に会うようになっても最初はFORKさんとどう接すれば失礼にならないのかがわからなかった。会話するきっかけを作るために吸ってるタバコを調べて、次の収録で差し入れたりもした。するとFORKさんは「一体どういう環境で育つと、そんな気配りができるようになるんだよ」と笑っていた。そんな俺とFORKさんのやりとりを見て、呂布さんが横で爆笑していた。

呂布カルマ

呂布さんと初めて同じ現場になったのは2011年の「UMB」本戦。もちろん存在は知っていた。ラッパーとして、パンク、ロック、ハウス、テクノといったさまざまな現場に呼ばれて活動しているにも関わらず、バトルMCとしてもめっぽう強い。そんな人はこれまで、というか今でもほとんどいない。同じラッパーとして呂布さんのことはずっと気になっていたが同じ現場になることがこれまでまったくなかった。

この日、俺たちは対戦しなかったし、俺はDOTAMAさんに負けた憂さ晴らしに大酒を飲んでいて、呂布さんのバトルをほとんど観られなかった。でもずっと気にしてたので音源は会場で買った。なぜか定価の倍の金額を手渡したことをうっすら覚えている。もちろん強制ではなく自主的にだ。

実際に呂布さんと戦うようになったのは2016年ごろから。大阪で開催されたイベントのエキシビションマッチ、「THE 罵倒 2016 GRAND CHAMPION SHIP」の決勝、そして前述の「KOK 2016 FINAL」と連続で対戦することになった。

戦績は良かったものの、俺はいつも勝ったという実感を持てなかった。ラップの技術はもちろん、内容でも言い負かせていない。俺が勝てたのは会場の空気を読んで、わかりやすいパンチラインを落としたからだ。だが呂布さんはいつも小手先ではない、深い一撃を食らわせてきた。

深い一撃とは何か。それは相手が最も言われたくないことを言うこと。「ＫＯＫ」の俺の場合で言えば、薬のことだ。あの時、呂布さんはじわじわと攻めてきた。ナイフを体にぶっ刺したまま致命傷の場所を探るように。

実はこのサディスティックな感覚は俺の中にもある。だが呂布さんと対戦するまで、それを意図的に意識しないようにしていた。なぜならひどいいじめに遭っていた小学校高学年の時のことを思い出してしまうからだ。あの頃の俺はクラスのほぼ全員から嫌われ、あまつさえ担任の教師にも味方してもらえなかった。俺は自分のプライドや家族を守るために、敵と戦うために、弱点を見つけて無意識に突くことができる観察眼を磨いた。

正直、今振り返ってもあの頃の自分が好きではない。違う地区の私立校に進学して、俺は過去を封印した。にも関わらず、ＭＣバトルを始めた初期の頃は、このサディスティックな感覚を存分に発揮し、身もふたもない思考で相手の泣き所を探っていた。ずっと繰り返していくうちに、自然とそいつのパンドラの箱の開け方がわかってくる。開けて激昂するタイプなら容赦なく開けて中にクソを流し込み、逆に力が増してしまいそうなタイプなら箱自体を蹴っ飛ばしてから主張を一方的にぶつけて動揺を誘う。

キャリアの過程でいろんな先輩たちと関わるようになり、俺は徐々にリスペクトという概念を理解していくようになる。もちろん初期の生意気な俺があって今がある。だけど俺はあまりにも都合よく過去を解釈してきた。呂布さんと戦って、初めてそんな気持ちにさせられたんだ。

呂布さんには限りなくナシに近い、本当にギリギリのアリを見分ける洞察力がある。本来ナシのタブーもアリにできてしまう。俺とはまるでスタイルが違う、というか正反対の切り口ではあるんだけど根本はかなり近い。その共通点に気づくと、フリースタイルだけではなく呂布さんの音源の魅力もより一層理解できるようになった。彼のアルバム『SUPERSALT』は今でも俺のオールタイムベストの1枚だ。

「ダンジョン」に出始めるようになって、若い子に「輪入道さんを見てラップを始めました」と言ってもらえることが増えた。いつも心からありがたい気持ちになるが、同時に「俺なんかが……」という気恥ずかしさもある。その感覚を最初に俺に教えてくれたのが裂固だった。

出会いは2012年。初めて岐阜に呼んでもらった時、物販で自分のCDを売っていると、明らかにあどけない顔立ちの少年がやってきた。その時の裂固は中学を卒業したばかり。フリースタイルのみでやった俺のライブに感銘を受けて、自分もラッパーを志しているという話をしてくれた。

今だって大したことないけど、当時の俺は相当アングラなラッパーだった。だから、そんなことを言ってもらえるなんて夢にも思ってなかった。あまりにびっくりして戸惑ってしまったのをよく覚えている。

その時は一緒に写真を撮って別れたけど、俺が鬼くんにしてもらったように、裂固を東京に呼んで一緒に住んで面倒をみた方がいいのか真剣に悩んだりもした。だけど当時の俺にそんな甲斐性があるわけもなく、結局俺から何かアクションを起こすことはなかった。そして岐阜の少年は記憶の彼方に埋もれていった。

だが数年後、一本の電話がかかってきた。それは「BAZOOKA!!! 高校生RAP選手権」

の番組制作スタッフからのものだった。

「岐阜の裂固というラッパーが影響を受けたアーティストとして輪入道さんの名前を挙げています。紹介ＶＴＲでお名前を出していいですか」

あの時の少年だとすぐにわかった。「高ラ」はすでに話題になっていたし、出演できるだけでもすごいと思った。番組スタッフには快諾した。その頃は裂固のバトルも見たことがなかったし、どういうスタイルかも知らなかったけど、ツイッターで活動を追うようにしていた。するとなんと「高ラ」で優勝してしまった。

あとで映像を観てみたら、ラップもカッコ良かったが目がすごく良かった。色気のある目をしていて、なんでこの年でこんなにいい面構えなんだろうと不思議に思ったほどだ。のちに東京のリキッドルームで開催された昭和レコード主催のイベント「乱 ＴＨＩＳ ＴＯＷＮ」に俺も裂固も出演することになり、かなり久しぶりに再会することになった。

すごく印象に残っているのは、一緒に裂固のライブを観ていた時の平野さんの発言だ。「さっき楽屋で裂固と話したんだけどいいやつだね。めちゃくちゃお前に影響を受けてるらしいんだよ、それは話しててすごく伝わってきた。だけどさ。こうやってラップしてるとこを観ると、少しも輪入道に似てないよね」。確かにラップという面では、俺と裂固はまったく似てない。スタイルも違うし、フロウの作り方も違う。それが彼の中でのオリジナリティであり本質の強さなんだろうと感じた。

ただラップへの向き合い方は俺とかなり近いものがあると思う。というか、むしろ俺は裂固を尊敬している。知ってる人も多いと思うけど、あいつは本当の苦労人だ。

中学生の時に両親が離婚してしまい、生活のために高校進学を断念して、週6で寿司屋のバイトをしながら虎視眈々とリリックを打ち続けていた。そんな状況から「高ラ」の優勝でチャンスをつかんだが、実は出演までに2回もオーディションに落ちている。それでも諦めなかった。

岐阜には梵頭《ぼんず》さんというラッパーがいる。お父さんが深刻な事件を起こしていて、彼自身も何度も逮捕されている。ソリッドでハーコーなラッパーだ。裂固はそういったバックボーンはないし方向性も違うが、梵頭さんたちのレーベル「ＨＩＫＩＧＡＮＥ ＳＯＵＮＤ」に所属している。以前、梵頭さんと話していた時、裂固についてこんなことを言っていた。「あいつは本当に人生をヒップホップに賭けてるんだよ。だから一緒にやってるんだ」。

俺には裂固がＨＩＫＩＧＡＮＥ ＳＯＵＮＤの光で、梵頭さんが影に見えた。当然ながら影がない光は存在しないし、光が差す場所には影ができる。そんなことを考えながら岐阜で見るＨＩＫＩＧＡＮＥ ＳＯＵＮＤのライブは毎度死ぬほどカッコよくて、朝方の物販で俺はまたＴシャツやグッズを買ってしまうのだった。

「2代目モンスター」になった裂固は、「高ラ」出身ということもあり、「初代」のＴ－Ｐａｂｌｏｗと比較されることが多かった。しかも俺らが「2代目」として「ダンジョン」に出演している時期、ＢＡＤ ＨＯＰはどんどん大きくなっていった。同世代の裂固にとってそれがプレッシャーにならないわけがない。だけどあいつは弱音を吐かなかった。連敗した時ですら、俺らに気を使わせないように「いやー、負けちゃいました」と笑っていた。

筋の通ったラッパーとして尊敬する一方で、俺にとっては弟のような存在でもある。ある時、「ダンジョン」の収録後、岐阜の人たちと一緒に渋谷で浴びるように酒を飲んだ。経緯はわからないが、気づくと俺たちはカラオケボックスにいた。隣では裂固が寝ている。まだバリバリに酔っ払っていた俺は、なぜかケツメイシの「さくら」を歌いたくなった。

裂固や岐阜の人たちも酩酊していたが、俺はかまわず1人で「さくら」を熱唱した。するとそれを聴いて裂固が目を覚ました。「居酒屋にいたはずなのに、なぜ俺はこんなところに？てか、なんで輪入道さんはケツメイシを歌っているんですか!?」と素っ頓狂な質問をしてきた。

あとから聞いた話によると、俺は早々に撃沈して居酒屋を出てから道玄坂の道端で寝始めたらしい。そんな俺を見たベロベロの裂固が「じゃあ、俺も……」と俺の横で寝始めたという。「ダンジョン」に出ている時期だったこともあり、町行く人が「道玄坂でモンスターが2匹寝てる」と噂し始めたので、見かねた岐阜の人たちが俺たちをカラオケボックスまで運んでくれたそうだ。

ACE

「2代目」の中で一番付き合いが長いのはACEだ。同い年だし、昔からいつも同じ現場だった。あいつが初めてフリースタイルMCバトルのシーンに現れたのは2009年。今もSound Luckの相方であるHIDEと一緒に、渋谷のclub asiaで開催された「TEENS」というバトルのイベントに出場した。その時のパフォーマンスが衝撃的だったらしく、当時周りにいた人間はみんな「ACEってヤバいラッパーが出てきた」「見た目は完璧に黒人なのに日本語が異常にうまい」と口々に噂した。

実際にACEと遭遇したのは、その噂が回りに回っている時。俺が出ていた渋谷のR Loungeのイベントにあいつがやって来たんだ。ACEは会うなり、一緒にいた俺の友達が喧嘩を売られたと勘違いするほど攻撃的なフリースタイルを仕掛けてきた。噂通り、日本人よりも流暢に日本語を話す黒人だった。横でいきり立つ友達をなだめてからフリースタイルを返す。

ライブも最前列で瞬きひとつせず見ていた。事前にバックDJに「今日はマイクジャックがあるかもしれないから、心の準備をしておいてくれ」と伝えたほどだ。しかし奴が俺のマイクを奪いに来ることはなかった。仲良くなってから真相を聞いたらヌルいフリースタイルをしていたらすぐ乗り込むつもりだったが、単純に喰らったから観ることにしてくれたらしい。

ACEはブラジルで生まれて、3歳から日本で育った。あいつの血の中にはラテンのノリが刻み込まれている。すぐに熱くなるけど、打ち解けるのも早い。ACEとはその日のうちに連絡先を交換して、数日後にはHIDEと3人で彼らの地元である新大久保で遊んだ。

SOUND LUCK（ACE、HIDE）はのちに「ADRENALINE」というイベントを新宿の花園神社の隣にあった「WIRE」というクラブで立ち上げた。2010年に開催された第1回には俺とACEに加え、R－指定やDJ松永も出演していた。打ち上げでみんなで秋川渓谷に行って、バーベキューをしたり、川に飛び込んだり。ひとしきり遊んだ後は、HIDEの知人がやっている教会の施設にみんなで泊まった。

このエピソードからもわかる通り、ＡＣＥとは昔から純粋に友達だった。ＳＯＵＮＤ ＬＵＣＫも俺も平成元年生まれ。フリースタイルＭＣバトルの盛り上がりが徐々に本格化する中で、20歳そこそこの俺たちは「ＭＣバトルをする平成生まれの新世代ラッパー」として少しずつメディアで取り上げられるようになった。

ある時、俺とＳＯＵＮＤ ＬＵＣＫは深夜の音楽番組「流派－Ｒ」主催のイベント「Ｒ－Ｆｅｓｔａ」に「平成」枠でブッキングされた。会場はのちに「ダンジョン」の会場となる「Ａｇｅｈａ（スタジオコースト）」。そのイベントにはジブさんも出演していた。

あの頃のバトルの規模感からするとかなり大きなハコだったので若干浮かれていた。俺たち３人は同じ楽屋。ちゃんと弁当も用意されている。俺たちは出番までなんとなく落ち着かなかったので、当時は滅多に入れなかった「Ａｇｅｈａ」のバックステージをブラブラと見学して回ることにした。

俺たちはジブさんの楽屋の前を通りかかった。リハ中なのか誰もいなかった。特に見るつもりもなかったが、机に数個置かれた弁当がどうしても気になった。俺たちの楽屋に用意されたものより、明らかに豪華だったからだ。「なんかＺｅｅｂｒａの弁当うまそうじゃね？」「絶対俺らのより良いやつだよな」「食いてえな」。そして俺たちはこっそりと楽屋に入って弁当をゲットし、海を見ながら「うめー！」と綺麗に平らげた。まるでガキの万引きみたいなことをいい歳こいてやってしまった。SOUND LUCKの2人といる時はいつもこんな感じだった。

ACEとは本当に何度もバトルした。呂布さんの時も話したけど、俺は意識的にステレオタイプなタブーや差別用語をラップする時期があった。誰も言わないことをあえて言う。そこで相手の対応を見て、次の一手を考える。大抵の場合、相手は動揺してラップや挙動がブレた。そこをさらに攻撃した。だけど俺がタブーをラップした背景には、バトルの戦術的な面より、「こんなに嫌なことを言われたら、こいつはどういう反応をするのか見てみたい」という底意地の悪さがあった。

俺はACEにバトルで「高架水槽に沈めるぞ黒んぼ」とディスしたことがある。そしてその数年後にR-指定と3人で作った「朧月〜三つ巴〜 feat. R-指定、輪入道」という曲で、ACEは「プライドやしがらみも捨てたフライト／恥を知れ／テメェが涙の味を知れ／何がいけねぇんだ、クロンボ」というリリックを入れた。そのラインが俺へのアンサーかどうかはわからなかったが、これをきっかけに差別やタブーを明確に意識するようになった。

実際ACEは一緒にいると信じられないくらい何度も警察に職務質問をされる。何も悪いことをしてないし、ただ歩いてるだけなのに、肌が黒いというだけで悪人扱いされてきた。一緒に曲を作ることで、俺は差別の当事者がどんな気持ちで、どう向き合って生きているのかを突きつけられた。この曲以後も俺とＡＣＥは仲が良い。だけど、だからこそ俺は自分の下衆な好奇心を恥じた。バトルの戦術で使うなら、言う側も強いメンタルと深い配慮を持たなくてはいけない。俺はそのどちらも持ち合わせていなかった。

つい最近、ＡＣＥのＹｏｕＴｕｂｅチャンネルの撮影の時に思い切ってこの件について話してみた。するとＡＣＥは「いや、黒んぼってワードカッコいいから自分のリリックでも使っちゃったよ」とあっけらかんと笑っていた。奴の器の大きさに救われた形になったが、情けない経験であることに変わりはない。人前で一度口に出した言葉は二度と戻すことができない以上、責任を持てないような日本語は使うべきではない。

裏方

ここで２０１２年末から裏方の仕事をしてもらっているＡさんのことを書いておきたい。家族のように付き合って、時にはめちゃくちゃぶつかった時期もあったけれど二人三脚で仕事をしてきた。早いものでもう8年が経つ。

Aさんとは千葉にあるクラブ「STARNITE」で知り合った。その頃、俺は赤落プロダクションを離れ、沖縄から帰ってきたばかりだった。たまたま遊びに行った時、当時CLUB STARNITEに勤めていたAさんに沖縄での話をして自分だけでアルバムを作ろうと思っているという話をしたら「ちょうどこの店を辞めるから、俺がマネージャーをやろうか？　でも俺も新しい仕事が決まってるから、片手間になっちゃうよ。それでも良ければ手伝うよ」と言ってくれた。それで2人でGARAGE MUSIC JAPANというレーベルを立ち上げた。Aさんとは人間としてウマが合うし、金銭面でのやり取りも信用して任せることができた。一緒に仕事をする上では重要な要素だ。

2ndアルバム『左回りの時計』のリリースパーティは我々の古巣であるCLUB STARNITEで行われた。地元にこだわって行われたこのイベントには般若、漢a.k.a.GAMI、GADORO、裂固、RAIZEN、十影、押忍マン、N0uTYなど錚々たるメンツのマイク持ちとDJが力を貸してくれた。レーベル自主企画で開催して満員御礼で成功をおさめたこのパーティの全貌は、FRESH LIVE「わにゅう道場」のチャンネルで楽屋の様子も含めて生放送された。6時間以上の内容を有料配信したにも関わらず視聴者は2万人を超えていた。

「わにゅう道場」はサイバーエージェントのお誘いを受け企画をレーベルで立てて、MCのパートナーに押忍マンさんを迎えて毎週水曜日の20時からFRESH LIVEで配信していた生放送のバラエティ番組だ。

企画の際にパートナーとしてお願いしたい人ですぐ思い浮かんだのが押忍さんだった。想像以上にバッチリな人選だった。DJはこの時バックDJもしてもらっていた千葉の先輩セレブロさんにお願いし、多種多様なゲストを迎えて1時間フリースタイルをする番組をみんなで作っていった。

予算もなく台本も自前で作らなければいけない。毎週時間を割いて番組に協力してくれたAさん、そして押忍さんとセレブロさんには感謝しかない。毎週R Loungeで撮影を続けていく中で、taichiさんにも本当にお世話になった。2017年3月29日の第1回放送から2019年3月27日の最終回まできっかり2年間。番外編をのぞく毎週のレギュラー放送は全82回に及んだ。粒ぞろいのゲストたちを迎え撃つ中で番組自体に固定のファンもついて、何度か行われた公開収録には毎回予想を上回る数のお客さんが足を運んでくれた。

道場を続けていくうちに、リリースパーティではない自主企画のイベントをやりたいと思うようになった。その俺の気持ちを形にすべくAさんが企画から箱押さえ、ブッキングなどあらゆる面で尽力してくれて実現したのが2018年5月24日に渋谷O－WESTで催された「第1回 暴道祭」だ。交流の深いアーティストを招いてこの祭りを開催するにあたり、色々な人に多くのサポートをいただき成り立たせることができた。メンツがメンツなのでタイムテーブルも相当カオスなことになった。ライブショーケースでRed EyeとRHYMEBERRYが続けて出てくるイベントは、どこを探したってないだろう。時空が歪んでいた。

リアルタイム対戦RPG「覇道任侠伝」とのコラボレーションも忘れられない。壮絶喧嘩RPGとのコラボMVは撮影からして一筋縄ではいかず、エキストラで集まってくれた面々のあまりの強面ぶりに撮影中に警察が来てしまった。監督のMr．麿さんの情熱と拘りにも驚かされた。アイディアが豊富で細部に至るまで一切手を抜かないその仕上がりは圧巻の一言だ。「暴道祭」では出資してくれた企業や個人のお名前を入れた提灯を天井から吊るす縁日風の演出があったが、「覇道任侠伝」の提灯だけはどうしてもお祭り感より極道感が出てしまって苦笑したことを覚えている。

俺の仕事量は2017年から格段に増えた。「ダンジョン」の収録、ラジオ、各地でのライブ、客演依頼、メディアからの取材。そんな時期に一度Aさんとぶつかって離れた時期があった。詳しくは「自業自得」という曲で歌っている。ずっと上を目指していきたい気持ちはあったが、そのためにそれまでお世話になった人や場所を切らなければならないくらいだったら売れなくてもいいとその時初めて思った。

ラッパーは馬鹿ばっかりだ。裏方の人間がどれだけ大切なのかを理解していないやつが多い。当然自分も含めてだから偉そうなことは言えないが、やってもらったことを忘れて不満ばかり募らせていたらガキと同じだろう。裏も表も同じ人間なのだ。自分がされて嫌なことを相手にしてはいけない。

俺はAさんに8年間の中で何度もシャレにならない形の迷惑をかけた。それでもこんな人間と一緒に仕事をしてくれてありがとうございます。彼の憎めないキャラクターやマイペースなところに何度も救われてきた。これからもずっと一緒に仕事ができることを願っている。

2代目モンスターへの逆風

2代目モンスターに就任して1年が過ぎた頃、それまで吹いていた追い風がぴたりと止み逆風が吹き始めた。それは出演者である自分たち自身が一番強く感じていたことだった。2

回も100万円を獲られた時の驚きと、危機感は凄まじく大きかった。「どうやって勝っていたかわからない」。まさにそんな心境だった。

そこで俺はR-指定に「初代」は勝てなかった時、どう問題に対処していたのか収録現場で直接相談してみることにした。すると「もっとチーム感を出してみたらどうですか?」と指摘してくれた。「初代」の時はみんなが団結して戦っていたよ、と。バトルのステージに向かう時はみんなで送り出し、ピリついた雰囲気の時は漢さんやサイプレス上野さんが和ませたり。

確かに俺たちは最初から仲は良かったけど、チームとして戦う上でまとまりきれてなかった部分がある。自分自身の話で言うなら、どういう立ち位置が正解なのかわからなかった。冷静でいればいいのか、身体張ればいいのか。しかもそれが地上波のテレビ番組ということを加味すると余計にわからなくなる。

次の日、2代目モンスター全員に電話した。みんなとそれぞれ長い時間話した。FORKさんが「プレッシャーを感じてるのはみんな一緒だろうけど、意外とそこをモンスター同士で共有できてなかったかもしれないね」と話していたのが印象的だった。その通りだった。

いろんなアイデアが出たけど、俺らが実行できそうなアイデアは呂布さんが出した「みんなで曲を作ろう。全員一緒に作るのはスケジュール的にも難しいから誰かと誰かだけでも良いし、お互いのことをもっと深く知るのにはそれが一番だと思う」というものだった。確かACEもいろいろアイデアを提案してくれたけど、あまりにぶっ飛びすぎていたので実現しなかった。

その時に作った曲は『フリースタイルダンジョン２代目ＴＨＥ ＥＰ』に収録されている。発売されたのは２０１９年10月だけど、ずっと前から制作していた。全部で６曲。「２代目モンスター」がそれぞれ１曲ずつリーダーシップを執った。

番組の企画としてやってることじゃなくて自主的に始めた取り組みだったから、各々のペースを合わせるだけでも大変だったけど作業していて楽しかった。何より収録以外で他のモンスターとコンタクトをとるのは新鮮で嬉しかった。

３代目モンスター決定戦

そんな中、不穏なニュースが俺の耳に入ってきた。どうやら番組側は呂布さんとＦＯＲＫさん以外の「モンスター」を入れ替えようとしてるらしい。しかも「３代目モンスター」は

1枠未定で、そこに俺、ACE、崇勲、裂固と凄腕チャレンジャーを加えて、トーナメントで競わせる。第7シーズンのRec1に開催された「3代目モンスター決定戦」の素案だった。

その後、正式に企画内容を説明された時、制作会社のスタッフさんに「輪入道くんは断るかと思ってたよ」と言われた。確かに戦友同士で戦うのは嫌だったけど、断ることもできないと思った。彼らも番組を面白くするために必死なのだ。

番組ではまず俺たちの卒業が発表された。実はその後、ACEたちと電話で話した。みんな辞めたくなかったから、正直雰囲気はなんとも言い難いものだった。しかもお互いが戦う可能性がある。信頼した仲間同士だから腹の探り合いのようなことはなかったけど、若干ギクシャクした雰囲気もあった。

ほどなくして「3代目モンスター決定戦」の収録日はやってきた。いつものように「スタジオコースト」に着くと、俺はモンスタールームじゃない、チャレンジャーたちの控え室に通された。そこを使うのは〝元〟「2代目」の面々。番組がアサインしたチャレンジャーであるpekoさん、じょう、TK da 黒ぶちさん、T-TANGGの4人にはまた別の部屋が用意された。俺たちの部屋には今までのようにカメラが入ったり、会場の様子が見られるモニターもない。素面の4匹がただ無言で座っていた。

一方で、その日は「3代目」のお披露目でもあった。一人ひとり新モンスターが発表されるたびに大歓声が沸き起こり、喜びとやる気に満ちた声が聞こえてくる。まさに天国と地獄。空気に耐えきれず、ACEが冗談で「お前ら、水に変なもの入れてないだろうな」と軽口を叩いた。みんな「いやいや、そこまでしないよ」と笑った。俺は飲みかけの水を置いてトイレに行った。用を足して、控え室に戻るとACEが妙にソワソワしてるように見えて怪しく思えてきた。「あれ、こいつ、ほんとに俺の水になんか入れたんじゃね?」。もちろん入れてない。ただの勘ぐりだ。俺たちは極限まで追い詰められていた。

ｐｅｋｏ戦

俺の最初の相手はｐｅｋｏさんだった。戦うのは3回目。最初に対戦した時（4ｔｈ ｓｅａｓｏｎ Ｒｅｃ6-2）は、ｐｅｋｏさんの「俺はお前をグサッと刺す」という言葉尻を捕まえて、「刺せ　オラ刺せ／出来ねえなら言うなよバカ」とダサいアンサーをしてしまった。俺はこの一言でｐｅｋｏさんのペースを乱そうと思っていたけど、見事に持ち直されて俺は敗退することになった。

だけどｐｅｋｏさんはそんな俺の無茶苦茶な発言でさえきちんと自分の中に落とし込んでくれて、認めて消化してくれた。

２回目のバトル（５ｔｈ ｓｅａｓｏｎ Ｒｅｃ８ー７）はリスペクトをベースにした引き出しの多さの勝負になった。ｐｅｋｏさんのボイススクラッチに対して俺も同じテクニックで返したが、自分のボイススクラッチの完成度が低すぎて最後は自虐に走ってしまった。ｐｅｋｏさんは背後に回り込んで刺してくるような姑息な真似を絶対にしない。正面からまっすぐにぶつかってくる。だからこそ、トーナメント表を観た時、俺はここが山場だと思った。

ｐｅｋｏさんに勝てれば優勝できる。彼のエネルギーを受け止めて、跳ね返すことができたら必ず３代目にふさわしいフリースタイルがそのあとの試合でもできると思った。じゃんけんで勝ったのでほとんど反射的に先攻を選んだ。１ラウンドも落としたくなかった。

ＲＯＵＮＤ１を４対１で、ＲＯＵＮＤ２はクリティカルでストレート勝ちすることができた。ｐｅｋｏさんとのバトルでは俺の「２代目」としてのプライドが全面的に出ている。「Ｒの心の支えが必要？／ラスボス舐めてんのかよ」「お前が握ったハンドルの何倍も／踏んできた２代目のアクセル／追い詰められてこそ力を発揮する」なんかはそのまんまだし、ｐｅｋｏさんがリスペクトを込めて言った「１人２人　頭が決まってて３人目／そこにお前がのこのこやって来るような男じゃねぇってわかってる」というラインに対して、「２人目と３人目じゃ全然違うらしい」と突っぱねるアンサーを返したのもそうだ。

でもこれはｐｅｋｏさんに対して言ってるというより、俺が置かれたこの状況に対するフラストレーションから生まれた言葉だ。番組スタッフに対して不信感があったわけじゃないけど、「３代目モンスター決定戦」に参加する当事者としては、すっぱりと割り切れない気持ちもあった。たとえ同業者であっても、外から見てる人には決してわからないプレッシャーに晒され続けていた。

ｐｅｋｏさんとのこのバトルでは特にＲＯＵＮＤ２からその思いがもろにラップに出てしまっている。でも結果的に、これは最初に言って良かったと思う。いつまでも囚われていたら俺は前に進めない。

裂固戦

試合後ｐｅｋｏさんがバトルからの引退を発表したのには驚いた。これは後から知ったんだけど、実は「ＵＭＢ ２０１９」大阪予選でＫＺさんに準決勝で負けた頃から意識していたらしい。

彼のような優れたMCと最後のバトルを戦えたのは光栄だった。けど俺はこの試合で高め合うというより、自らの怨念を全開にして勝ったような部分がある。憎しみの感情をこれ以上表に出すのはやめると決めた。そうでなければ、ｐｅｋｏさんの真心と覚悟に対して失礼だと思ったからだ。

試合後、俺は控え室に戻ったが空気の重苦しさは尋常ではなく、正直いられたものではなかった。俺はバックヤードの通路で自分の居場所を見つけて、他の試合の音だけ聴いていた。

次の相手は裂固。「2代目」同士でぐちゃぐちゃと言い争うようなバトルはしたくなかった。ｐｅｋｏさんとのバトルで憎しみをすべて出し切った。そして自分の中で〝優勝〟の2文字が使命感に近い重みを持ち始めていた。ｐｅｋｏさんが引退を決意した今、「3代目モンスター決定戦」はもはや自分だけの話じゃない。

裂固は弟分のような存在だ。本気で戦おうと思っていたが苦楽を共にした仲間である俺たちにとって、この状況は普通じゃなかった。裂固は最初の一言を絞り出すのも大変そうだったし、1バース目の途中で詰まってしまった。

俺にとってはｐｅｋｏさんと戦ったことが大きかった。このトーナメントを勝ち上がることでけじめがつけられると考えていた。それが「お前がもう思い浮かばねぇ？／それじゃ負けた奴の想い浮かばれん」というラインにも滲み出ている。この準決勝は、裂固との戦いというより、ひとつの試合として捉えようとしていた。

俺は「ダンジョン」を経験して、それまで以上に勝ちへこだわるようになっていた。「モンスター」は日本のバトルMCにとって、自身の強さを示すひとつの称号だったと思う。しかもラスボスは俺がヒップホップにのめり込むきっかけを作った般若さんだった。だからこそ負けられないと思っていた。毎月さまざまな挑戦者たちと戦うのはハードだったけど、その分ラッパーとしての体力と精神力が鍛え上げられた。俺はこの試合をクリティカルで終わらせた。ステージの上で裂固がジブさんと泣きながら話しているのを見て、本当は俺も泣きそうだった。唇を噛んで泣くのを堪えていた。ここで俺が泣いたら彼の魂を愚弄することになる気がした。

ステージを降りた後、裂固はすぐに「『お前』って言ってすいませんでした」と謝ってきた。突然のことでびっくりした。裂固は2バース目の最後に「隠すことなく熱くさせる　お前の心臓」とラップしていた。もちろん俺は全然気にしてなかった、熱くなったら俺だって年上の相手に「お前」と言ってしまうことはある。

こんな状況に追い込まれたら、普通の奴はそんなことを気にする余裕なんてないし、ましてや自分が負けたバトルの舞台を降りた直後に相手に謝罪することなんてできない。裂固は俺以上に己の信念に忠実な男だった。

TK da 黒ぶち戦

TK da 黒ぶちさんとはこれまで何度もバトルで戦ってきた。それこそ2007年の「REPRESENT MC BATTLE」でも決勝で当たったし、2012年の「THE罵倒2012 GRAND CHAMPIONSHIP」でも16小節3本の決勝戦でぶつかっている。戦績は五分五分だけど、TKさんには呂布さんと同じように、結果はどうあれいつも負けたと思わされる。

例えば2007年の「REPRESENT MC BATTLE」。この大会では、当時としては破格の20万円の賞金が出た。フォーマットの整ったバトルの大会がまだ数えるほどしかなく、賞金5万円でも高い方だと言われていた時代だ。

ラップを始めて3〜4ヶ月くらいだった17歳の俺は「10万借金返してあとは焼肉にでもい

こうか」とラップした。するとTKさんは「焼肉なんかにゃいかねえぜ／MTR自分の音楽に全部還元」「マイクと自分のその日常のギャップを作っちゃダメだ」と思いっきり核心をつかれてしまった。この試合は俺が勝ったけど、TKさんに言われたことはずっと頭に残っていた。

その後、「罵倒　2012」の決勝でも当たっていて、この時はTKさんが勝った。俺が言った「夜中になってもクソ汚ぇ歌舞伎町の裏側でケンカしてるヤツの分も／背中に背負っちゃう／いや背負わねぇ」というラップに対して、TKさんは「オマエはどこをレペゼン？／ストリートなのか？」と強烈なカウンターパンチを食らわせてきた。この時の俺は赤落プロダクションに所属していた。悪人に憧れて人を傷つけ、善人と呼ばれることに怯えていた。そんな俺の甘えと粋がりを見透かすようなラインだった。

「3代目モンスター決定戦」の決勝でまたTKさんと戦うことがわかった時、俺は因縁めいたものを感じた。「REPRESENT MC BATTLE」でも「罵倒　2012」でも、TKさんは一貫して「日常とマイクを持つ自分にギャップを作るな」と言い続けてきた。

俺はその都度アンサーしてきたけど、地に足がついてなかったり、言ってることの正当性が弱かったりした。そして2019年。あれから俺はいろんな経験をした。数々のバトルで優勝し、剛さんの「10万人ライブ」のステージに立ち、突発性難聴になり、薬にハマり、彼女に暴力を振るい、そこから再び這い上がって民放のテレビ番組「フリースタイルダンジョン」にレギュラー出演することになった。俺はＴＫさんに勝てるだろうか。

俺はこの決勝で先攻を取った。最初のラウンドは4対1で勝った。このまま突き進めば良かった。だけどこの時、俺はものすごいプレッシャーを感じていた。明らかに力みすぎているのが自分でもわかったし、ラウンドを重ねるごとに目に見えて集中力が落ちていった。

2ラウンド目の俺はあらゆる面で中途半端だった。俺とＴＫ ｄａ 黒ぶちの歴史、「モンスター」のプライド、「2代目」としての意地、自分の現在地点。それぞれのトピックに対する言及が浅い上に整合性も弱い。ＴＫさんがもっと残酷な殺し方をしようと思えばいくらでもできたはずだ。戦っている最中にさえそんなことを思ってしまうほど、その時の自分のラップには納得がいかなかった。

ＴＫさんは自分の主張は変えず、こちらに歩み寄ってきてくれたが、俺は最後の最後までこちらの立ち位置をしっかりと表現することができなかった。つまり俺の勝ちたい気持ちを突き詰めていくと、最終的には「テレビに出続けたい」という主張になっていく。今まで散々カッコいいことを言ってきた俺は、その泥臭く、ある意味浅ましい主張に対して腹の底ではどう思っているのか、しっかりと決着をつけなくてはならなかった。

にも関わらず、俺は「壁作らんでくれ／俺だって普通の人間なんだよ」と、純粋な弱音でしかないラインで最後のバースを蹴り始めてしまった。２００７年から「普通の自分」と「ラップする自分」のギャップについて思考し続け言及してきたＴＫさんに対して、俺が「普通の人間」なんて言ったところでまったく説得力がない。

それに対してＴＫさんが最後に残した「2年間のサラリーマン／俺は10年弱のサラリーマンで／現実と夢の中　狭間　頭ん中考えてきた／絶望にエスコートされることがある／だけど希望を目にして別行動したいんだよ／それがＭｉｃｒｏｐｈｏｎｅに込めた意思／石の上にも3年どころの話じゃねえぞ」という素晴らしいバースを引き出したのはまさしく俺自身だった。

結果は俺のクリティカル負け。試合後のコメントで「妥当なクリティカルだったと思います。ありがとうございました」と述べた。

ジブさん、上野さんのＭＣとお客さんや審査員の皆さんの拍手に見送られながら幕が下がる間際に「必ず這い上がってきます」とマイク越しに呟いたのが俺の2代目モンスターとしての最後の言葉だった。

『HAPPY BIRTHDAY』

ダンジョンモンスターの仕事と並行して作っていた3枚目のアルバムを世に出したのは2019年の3月。

唯一のレーベルメイトである6歳下のラッパー・N0uTYの1stである『悪戯』と同時リリースして、千葉や茨城で一緒にライブもやった。

N0uTYは2019年からGARAGE MUSIC JAPANに所属している。byfmと共同で幕張メッセで主催した「SEASIDE HOOD」というブロックパーティのMCバトルで彼が優勝したあとに声をかけたのが加入のきっかけだ。

初めてライブを見たのは2017年、千葉「LOOM LOUNGE」の平日のパーティだった。人のいないガラガラのフロアで歌っている彼のライブに心をつかまれた俺は、ライブ終了後に話しかけて2ndアルバムのリリースパーティへの出演を打診した。

彼は西東京の昭島出身だが、当時千葉のバトルで無類の強さを誇っていた。加えて、リリックの雰囲気や外見のイメージとは裏腹に一切ドラッグの類をやらないと知ったことも誘った理由のひとつだった。この人は知名度と楽曲の完成度が釣り合っていないとライブを見ていて感じた。だから最初から「俺のことを利用してのし上がってほしい」とはっきり伝えてレーベルにスカウトした。

3枚目のアルバム『HAPPY BIRTHDAY』に入っている「RISK」という曲は初めて彼と2人で作った楽曲だ。一度一緒にやっていくと決めたからには中途半端にはしたくなかった。だが、彼が入ってすぐ「自業自得」で歌っているレーベル内の問題が持ち上がりN0uTYにはいろいろな心配や苦労を掛けてしまった。

正直、この3枚目のアルバムを作っていた期間のことはあまり思い出したくない。

2018年は間違いなく公私ともに俺の人生で一番大変な年だったし、今聴き直してみても病んでるなと思う。でも歴史に残る1枚を作り上げた手ごたえは確かにあった。そしてそれは周りでサポートしてくれる仲間たち無しには成り立たなかった。

『左回りの時計』からずっと俺の作品のレコーディングやミックスを担当してくれているエンジニアのMIDOにはこの作品でもすごくお世話になった。もともとジブさんのレーベル「GRAND MASTER」でもよく仕事をしていた彼がサポートに入ってくれたことで、それまで足元が不安定だった制作環境は飛躍的に改善された。

スタジオ業務外の部分でも裏方のAさんが仕事が立て込んで動けない時などは、どちらがマネージャーなのかわからなくなるくらい細やかに気を配って活動を支えてくれた。2017年以降の輸入道の活動は彼がいなければできなかったといっても過言ではない。

またこのアルバムの制作中に俺は人づてに紹介されて新しいバックDJに出会った。それが2019 IDA DJ JAPAN CHAMPIONのDJ PACHI-YELLOWさんだ。ターンテーブリストの彼の職人技がライブに入ることで、ライブの格がネクストレベルに上がったと思う。

彼と2人で機材を抱えて広島、奈良、青森、宮崎など様々な街にライブをしにいった時間はかけがえのないもので最高だったし、今まで知らなかった世界をたくさん教えてもらった。現在は男子バスケットボールBリーグ「越谷アルファーズ」のアリーナDJとしても活躍している。今は一時と比べるとなかなかライブができていないが、また一緒に会場を沸かせにいきたいと思っている。

他にも「徳之島」のミュージックビデオを撮ってくれてその後もいろんな作品で一緒に仕事をしているNCAS.の阿部ナオト、毎回アルバムの題字や曲のタイトルを揮毫《きごう》してもらっている書道家の青蘭《せいらん》さん、オリジナルステッカーなどのデザインをしてくれているイラストレーターのｕｎａちゃん、『左回りの時計』以降のアルバムジャケット写真のすべての衣装提供をしていただいているＳｕｂｃｉｅｔｙの稲葉さんや、いつも新しい可能性を広げてくれるチャライダーＣＥＯのチャラスマさん、毎度度肝を抜くマスタリングで作品を完璧に仕上げてくれるプロデューサーのＪＯＥ ＩＲＯＮさん、２０１４年に今の髪型になってからずっとお世話になっている邦理容室のたつ兄とズーさんとゆきさん、Ｃｒｅａｔｉｖｅ Ｉｎｄｕｓｔｒｙ Ｉｎｃ.のＭＩＲＡＩさんなど他にも書ききれないほどの人のサポートのおかげで今の自分は成り立っている。

この世に生きている人間には誰にでも1年に一度「誕生日」がやってくる。今この瞬間も世界のどこかで人が産まれている。俺は子供のころから誕生日を祝うのが大好きだった。そりゃフリーの女の子に電話する時にまったく下心がなかったと言えば嘘になるが、本当にたいした意図はなかった。

20代前半の頃は暇な時間がたくさんあったので、毎日のように誰かに誕生日を祝う電話をかけていた。このアルバムはそんな頃の気持ちを思い出しながら作った。

来年もその次の年もずっと、仲間の誕生日を祝ってバカやっていたい。生きて、元気で、誰も減らずに。

『光』

この自伝を書いている今は2020年だ。新型コロナウイルスの感染拡大で人々の日常が大きく変わっていく中、俺のプライベートでも大きな変化があった。それは結婚だ。今、俺の左手の薬指には指輪がハマっている。

だが入籍をしたわけではない。事実婚というやつだ。俺が妻と呼んでいる女性と初めて出会ったのは2年前の地方の現場だった。その時俺は泥酔していて初対面の彼女の身体に倒れ掛かったらしい。もともと俺というアーティストのことを認識していた彼女は、なんてチャラいやつだとドン引きしたそうだ。そんな出会いから始まった俺たちの恋愛はとんとん拍子に進み、付き合い始めて1年目で既に結婚しようとお互いの意思が合致していた。

向こうの両親のところへ挨拶に行くと、気さくで飾らない優しい両親だった。結婚するということは、家と家が結び付くということだ。ひいては彼女の両親は自分の両親にもなるわけで、俺はこの人たちがもし将来介護が必要な状態になった時に最後まで自分の親と同じように面倒を見られるのかを自分の胸に問うた。聞くまでもなく答えはYESだった。

彼女の両親と会って話していると大きな隔たりを感じることがあった。もちろん異なる家庭なのだから当たり前なのだが、俺と彼女の育ってきた環境は磁石のＮ極とＳ極くらい違っていた。今思えばこのタイミングで両方の家同士の親を会わせておくべきだった。

初めて全員が顔を合わせた食事会の数日後に、結婚に反対したのは俺の親だった。彼女の親は一切反対することなく、現在に至るまで「本人同士の意思に任せる」というスタンスで一貫している。それまで彼女に対して好意的な態度で接していた両親が１８０度意見を変えてこの話は破談にしろと言ってきたとき、俺は自分の調整力不足を呪った。

だが、本当はこうなった原因が双方の家の価値観や生き方の違いだけではないことにも気付いていた。12年前に俺の母は駆け落ちして家を出ていき、今でもその人と一緒に住んでいる。でも実は両親は今でも法律上は夫婦のまま、ちょいちょい一緒にご飯を食べたり旅行にいったりしている。子供からすると「だったらより戻してくれよ」と思う部分もあったが、それが彼らにとって最良の形であるなら口を挟むべきではない。

真面目に生きてきた親にたくさん迷惑をかけてきた俺は、食事会が終わった夜に電話で「俺が結婚するのがいい機会だから、離婚か復縁か何らかの形でけじめをつけたらどう？」と言ってしまった。そしてこれが両親の逆鱗に触れた。今までさんざん好き勝手に人の道を外して生きてきたお前に、そんな偉そうなことを言われる筋合いはないのだと。

子供の頃に読んだ水木しげるの漫画から「清く正しく生きることだけが人生の正解ではないのではないか」という価値観を教えてもらい「複雑さこそが人間なんじゃないか」と考えて生きてきたのに、人生の中でも一、二を争う大事な場面で俺はまた両親を傷つけてしまった。

入籍予定日が近づいたある夜、俺と彼女が住んでいる家に急遽彼らは訪ねてきた。力ずくでも入籍を諦めさせなければいけないと思ったのだろう。そこで俺の親は、彼女が一生トラウマになりかねない言葉を口にした。

それはひとりっ子の彼女が生まれてきたこの世界で最も大切にしてきた、彼女の両親の価値観を丸ごと否定する言葉だった。それは決して怒りに我を忘れた暴走ではなく、親として俺を守るための必死の行動だったと冷静になればわかる。

だが深い悲しみに打ちひしがれる彼女を見ていた俺は、彼女に対しても両親に対しても冷静に考えられる精神状態ではなかった。同時にその日の夜は大切なライブが入っていてもう出かけないといけなかった。

俺は横浜で行われていた「フリースタイルダンジョン 2代目THE EP」のリリースパーティへ向かった。リハーサルを終えて俺は行く当てもなく横浜の街を彷徨いながら、誰に相談すればいいのかを考えた。何時間考えても答えは出なかった。

こんな情けない男を愛してくれている彼女の愛情に応えられないのが悔しかったし、両親をまた憎まなければならないのかと思うと空が落ちてきたように目の前が真っ暗になるのがわかった。

先に子供を作ってしまえばいいんじゃないかとアドバイスしてくれた友人もたくさんいた。でも俺が彼女との結婚を決断した本当の理由は「親に孫の顔を見せてやりたいから」だった。けじめがつかない状態のまま罪のない子供に苦労をかけたくなかった。そして彼女の両親に対して申し訳ない気持ちでいっぱいだった。ここまでクソダサい話もそうそうない。

『光』というアルバムのタイトル曲は、当初この出来事をそのまま書いていた曲だった。闇に引きずり込んでも勝てないなら、光で焼き殺してやろうと思ったのだ。父でも母でも彼女でも彼女の両親でもない。自分自身を殺すために、美しいトラックに乗せて呪詛の言葉を真っ暗な部屋で延々と書き綴り次の日の朝にはすべて消した。

アルバムの４曲目に入っているこの曲は「投げ出す気なんて毛頭ない」というフレーズで終わり、５曲目の「母ちゃん」に繋がる。どうしたって正当化できない出来事や失敗も10年も経てば笑い話になる。

千葉

俺は千葉を出て、池袋に行き、さらに全国のいろんな土地を回った。そして改めて地元に帰ってくると「ここが俺のすべての原点なんだな」と再確認する。

数十年前は海だった。誰かがここを埋め立てて、俺の地元を作った。そこで俺は育った。感覚もしゃべり方もあの頃と全然変わってない。俺は生きて、この町に轍を刻んでいる。同じようにこの街から大人になっていったクラスメイトたちも、同じ空の下どこかで今日を頑張って生きているはずだ。

「レペゼン千葉」を標榜する同世代のラッパーは、俺がラップを初めた頃はほとんどいなかった。東京に出てきてからも誰も同郷のやつがいないイベントでずっと1人で「千葉千葉」言いまくっていた。でも一番冷めた目でそんな俺を見ていたのは他でもない地元の人間たちだった。井の中の蛙で終わるのが嫌で他の街に飛び出してみたはいいものの、結局地元に帰ると昔と同じ感覚に戻ってしまう。表面的には冷めていても腹の底に熱いものがある千葉の人間と久しぶりに再会して話す時、その一瞬が今までやってきたことすべての答え合わせだと思って話している。

カッコいい奴がこの街にはたくさんいる。それは物質的な豊かさよりもっと本質を突いた動物的な魅力で常識にとらわれた人間には真似できないオリジナリティだ。決して品は良くないし最先端でもないが、堂々と胸を張って誇れる故郷だ。

だからこそ千葉を上げたい。俺がやってることに対するアンチとして出てきてくれても構わない。もっとたくさん若い千葉のＭＣのラップが聴きたい。この狭い島国の中で出身地がどこなのかなんて宇宙から見ればミジンコのように小さい話だが、子供の頃にあれだけ苦しい思いや楽しい思いをした街のことを忘れようったって忘れられるわけがない。動き続けていればどんどん思い出は塗り替わっていく。

２０１９年7月に千葉ロッテマリーンズの応援歌「Ｐｉｎｓｔｒｉｐｅ Ｐｒｉｄｅ」を書き下ろし、マリンスタジアムでライブさせてもらった時、また一歩前に進めたことを実感した。まだまだ理想には程遠いが、それは逆に言えばやれることがたくさんあるってことだ。日本に限らず、世界にだって、何もない場所のほうが多い。

ラップをする上でトラウマやコンプレックスは買ってでも欲しいくらい強烈な武器だ。今日も誰かのイヤホンから自分の曲が流れていることを想像しながら、俺は劣等感を噛み砕いて目の前の仕事に全力で向き合っている。そしてそんなラッパー達の音楽に刺激されたやつが、自分の地元で新しい足跡を残し始めるかもしれない。そんなの最高だ。

俺は小さい頃から勇気がなくて、いつも自分の本心を余計なもので誤魔化してきた。シャレにならない失態や人に言えない過去を背負いこんで生きている。でも大切なのは過去じゃなくて今だ。やらなきゃならないんじゃない、やるしかないんだ。だから、やりたいとかやらなくちゃとかじゃない。

俺は、やる。

あとがき

最後まで読んでくれてありがとう。

この本を出す前に色んな人に確認を取っていく中で、ある人に「全部さらけだせばいいってもんじゃねえんだぞ」と叱られた。

他の人にも苦言を呈されたり諭されたり、薬物やＤＶのことを書いて結局何を目指しているのかがわからないとも言われた。

正直言って俺自身この本を出してどうなってしまうのかはわからない。ただ俺という人間のこれまでの人生をすべて洗いざらい書いたら、応援してくれている人達にため息をつかせる内容になってしまった。

本当に申し訳ないと思っている。裏切ってしまってごめんなさい。

この世界にいる大半の人間は、心の弱さゆえの過ちとは無縁の人生を歩んでいる。薬物に触れる機会もないだろうしもちろんパートナーに手を上げることもないだろう。

いつどんなきっかけで道を踏み外してしまうかわからないのは男も女も一緒だ。踏み外した最初の一歩目で奈落に落ちてしまう者もいれば、俺のようにうまく立ち回って誤魔化し続けている者もいる。

近年この業界では薬物による逮捕者が増えてきている。「みんな捕まらないとわからねえんだな」とニュースを見ていると悲しく思う。

ケミカルは毒だ。やっている姿もかっこよくない。自分で気づいてやめられる段階で引き返してほしい。

全ての過去を断ち切ることはできない。やったことは消えないし時間は戻らない、だがそれでも人間は今を生きるしかない。

俺はいま30歳だ、何も片付いてないしまだ何も終わっていない。俺に子供ができたら、いつか必ずこの本を読むことになるだろう。自分の子供に憎まれることを想像するとすごく怖い。でも、同時にそれが過去の自分の姿であることにも気が付いている。

改めて言うが現在の俺は薬物を完全に絶っている。一生が終わるまで、二度と手を出さないことを改めてここに誓う。ラッパーは口達者だ、口だけなら何とでもいえる。後は行動で示していくしかない。

俺は親を憎み社会を憎み、怒りと暴力と薬物にまみれた手でマイクを握って相手を罵倒して稼いできた。これまでの自分をすべて肯定することなど到底できない。それでも明日には希望を持って生きていきたい。

2020年8月　輪入道

——聴覚はダメだが　焼き付いたよ網膜に

【スペシャルサンクス】
本文の中で触れられなかった
恩人・友人たちに感謝を込めて

あおいちゃん
AYA a.k.a PANDA
WEDY
ウエノレイ
usagiさん
大谷さん
鬼火
我竜さん
CASPER
空さん
くろちゃ
GRMLNS
ケンイージーさん
KEN THE 390さん
GOMESS
SIMON JAPさん
俊介さん
掌幻
G.Oさん
G.K.MARYANさん
JASMINE
ジャック・ハンマーズ
Jaza document
JUNK HOOD
JOMO as Ill clintonさん
Jinmenusagi
スナフキンさん
SAYKOH
孫GONGさん
TAKABOさん
田中光さん
DAZU-Oさん
DABOさん
ちぇほさん
D-EARTHさん
D.Dさん
DJ ATSUさん
DJ SION

ＤＪ ＤＡＤＤＹＲＯＣＫさん
ＤＪ Ｄｅｃｋｓｔｒｅａｍさん
燈志籠
ＴＯＣさん
ＴＯＭＩ－Ｅさん
ＴＯＭＯＭＩさん
ＮＡＮＪＡＭＡＮさん
中島
のぶゴリラさん
ＮＯＮＫＥＹさん
ＨＡＲＤＶＥＲＫさん
はじめさん
バナナ
はなびさん
ＨＡＮＤＳＩＧＮ
人化イルミネーション
Ｂ．Ｉ．Ｇ．ＪＯＥさん
ＰｉｚｚａＬｏｖｅ
藤田 晋さん
ＦＲｅＥＣＯｏｌさん
ＦＲＡＮＫＥＮさん
ＢＡＹＨＯＯＤ

ＶＥＮＯＭさん
ＨＯＫＵＴＯ ＫＵＤＯ
彫しのさん
ＷＨＩＴＥ ＷＯＯＤ
房州達磨
ＢＯＣＫＹさん
ＭＣ Ｍｙｓｔｉｅさん
ミルクティさん
ＭＵ－ＴＯＮ
ＭＵＫＵ
めぐさん
ＭＥＲＩＫＥＮさん
有里子
ＹＯＳ－ＭＡＧさん
ＲＹＯＴＡ
Ｒｙｏ－ｗ２
りんさん
ＲＡＷ－Ｔさん
ＭＣ１０８さん

本当にありがとうございました！

2020 年 9 月 4 日
自叙伝発売に寄せて書き下ろした楽曲をシングル配信します。
「堅気」track by salty
QR コードから飛べますので、カップリングの「SPEED」と合わせて聴いていただけると嬉しいです。

著者略歴
輪入道（わにゅうどう）
1990年生まれ、千葉県出身。ラッパー。
豊富なボキャブラリーとライブ経験をもとに、ジャンルの壁を超えて活動している。代表曲は「徳之島」「覚悟決めたら」など。

公式HP www.wnd-jp.com

俺はやる

2020年9月29日第一刷

著　者　　輪入道

発行人　　山田有司

発行所　　株式会社　彩図社
東京都豊島区南大塚3-24-4
MTビル　〒170-0005
TEL：03-5985-8213　FAX：03-5985-8224

印刷所　　シナノ印刷株式会社

URL：https://www.saiz.co.jp
https://twitter.com/saiz_sha

ISBN978-4-8013-0472-7 C0095
JASRAC 出 2007064-001